سلسلة تطوير مراكز تحفيظ القرآن الكريم ٢

خلاوي القرآن الكريم في الصومال

المشاكل والحلول

تأليف الدكتور

عمر محمد ورسمة

تقديم

المقري الشيخ:

عبد الرشيد بن الشيخ علي صوفي

المقري الشيخ:

أحمد حاج قاسم

المقري الشيخ الدكتور:

أبو بكر محمد معلم حسن (الخليفة)

لوح برس

LOOH PRESS

LOOH PRESS LTD.

Copyright © Omar Mohamed Warsame 1446/2024.
Second Edition, First Print Muharram/May, 1446/2024.

جميع الحقوق محفوظة باتفاق وعقد© للمؤلف.
الطبعة الثانية، لوح برس: محرم 1446هـ / 2024 م.
جميع الحقوق محفوظة. لا يسمح بإعادة إصدار هذا الكتاب أو أي جزء منه أو تخزينه في نطاق استعادة المعلومات أو نقله بأي شكل من الأشكال دون إذن خطي سابق من الناشر/المؤلف.

All rights reserved.
No part of this publication may be reproduced, stored in any retrieval system, or transmitted in any form or by any means, including photocopying, recording, or other electronic or mechanical methods, without the prior written permission of the publisher, except in the case of brief quotations embodied in critical reviews and certain other noncommercial uses permitted by copyright law. For permission and requests, write to the publisher, at the address below.

ISBN	978-1-8035-2942-4	الرقم المعياري الدولي
COVER	Paperback Cover	نوع التجليد
SIZE	6x9 in or 229x152mm	قياس القطع
PAGES	220pp	عدد الصفحات

A catalogue record of this title is available from the British Library.

PUBLISHED BY:
Looh Press Ltd.
56 Lethbridge Close
Leicester, LE1 2EB
England. UK
www.LoohPress.com
LoohPress@gmail.com

TYPESETTING	SomPrint	نقش
COVER DESIGN	Looh Press	تصميم غلاف

خلاوي القرآن الكريم في الصومال

المشاكل والحلول

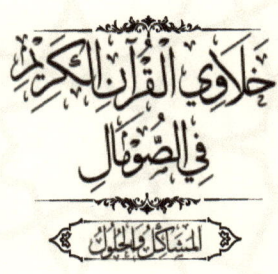

بسم الله الرحمن الرحيم

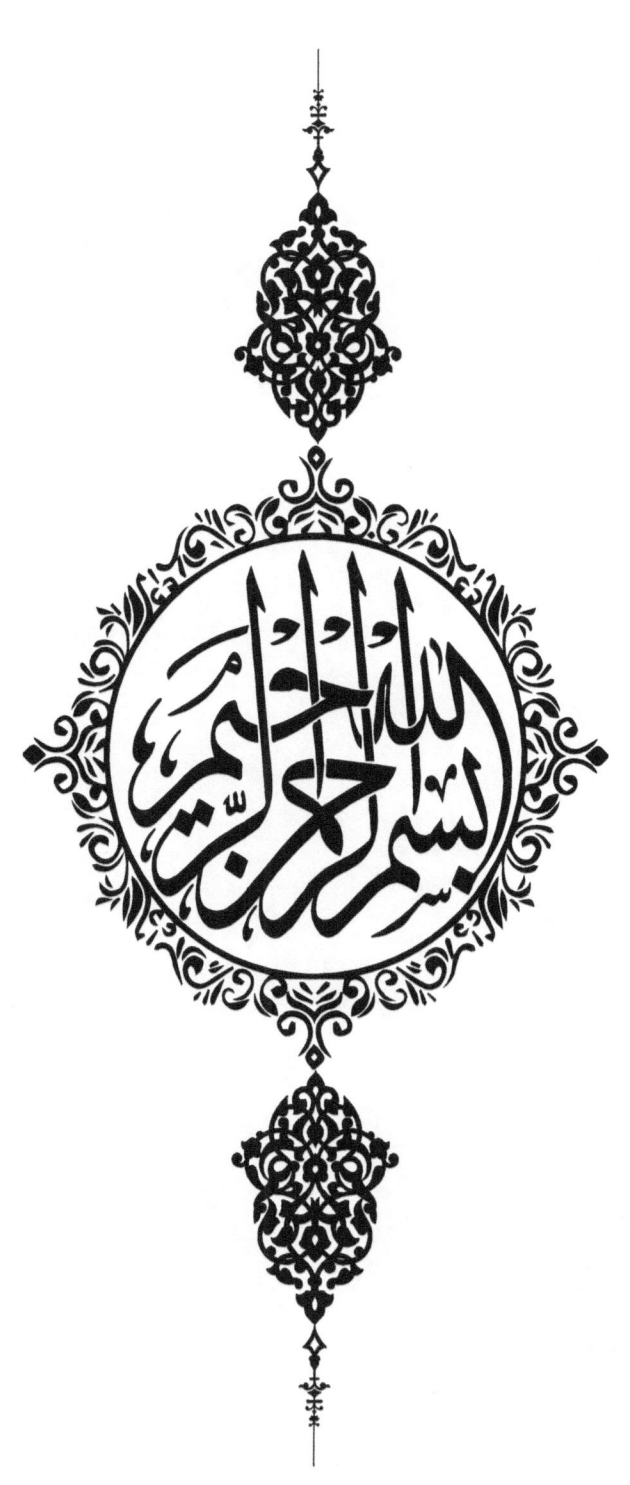

قال تعالى:

﴿هُوَ ٱلَّذِى بَعَثَ فِى ٱلْأُمِّيِّـۧنَ رَسُولًا مِّنْهُمْ يَتْلُوا۟ عَلَيْهِمْ ءَايَـٰتِهِۦ وَيُزَكِّيهِمْ وَيُعَلِّمُهُمُ ٱلْكِتَـٰبَ وَٱلْحِكْمَةَ وَإِن كَانُوا۟ مِن قَبْلُ لَفِى ضَلَـٰلٍ مُّبِينٍ ۝٢﴾

[الجمعة: ٢]

إهداء

❁ إلىٰ كافّة المنشغلين بتعليم كتاب الله، من معلّمين، وإداريّين، ومدرّبين، ومشرفين.

❁ إلىٰ أولئك الآباء والأمّهات الذي يدفعون أبناءهم لخلاوي القرآن الكريم؛ لينهلوا من معين القرآن الصّافي، ولينقشوا به صدورهم.

أهدي هذا الجهد المتواضع
آملا من الله أن ينفع به ويبارك فيه

المؤلّف

٧ خلاوي القرآن الكريم في الصومال المشاكل والحلول

المحتويات

المقدمة ١٧
أهمّية الدراسة ٢٠
منهج الدراسة........................... ٢١
قصة هذا الكتاب........................... ٢٢

الفصل الأول: خلفية عامّة عن خلاوي القرآن الكريم في الصومال........................... ٢٧
المبحث الأول: مدخل إلىٰ خلاوي القرآن الكريم ٢٩
أولاً: الخلاوي لغة واصطلاحًا ٢٩
ثانيًا: مصطلحات مرادفة للخلوة ٣١
المبحث الثاني: مكانة الخلوة القرآنيّة في المجتمع الصّوماليّ ٣٩
المبحث الثالث: أنماط خلاوي القرآن الكريم في الصُّومال........................... ٤٤
أولاً: الخلاوي التقليدية (الدُّكْسِي)........................... ٤٤
ثانيًا: مراكز التحفيظ (مدارس تحفيظ القرآن الكريم) ٦٤
ثالثًا: داخليات تحفيظ القرآن الكريم ٧٢
رابعًا: رياض التحفيظ........................... ٧٤
خامسًا: دُور القرآن الكريم ٧٦

الفصل الثاني: المشكلات التي تواجهها خلاوي القرآن الكريم في الصومال........................... ٨٩
المبحث الأول: ضعف تأهيل المعلمين ٩٢
المبحث الثاني: نماذج من المشكلات التربويّة في الخلاوي القرآنيّة ٩٩
أولاً: اعتماد العنف وسيلة للتّربية........................... ٩٩
ثانيًا: عدم مراعاة الفروق الفردية بين الطلاب ١٠٢

ثالثًا: غياب التّحفيز ١٠٤
رابعًا: التسرُّب من الدّراسة ١٠٦
المبحث الثالث: ضعف المنهج ١١٢
المبحث الرابع: الضعف الإداريّ ١١٤
المبحث الخامس: مشكلات البيئة التعليميّة «البيئة المدرسيّة» ... ١١٨
المبحث السّادس: ضعف التقويم التربويّ ١٢٣
المبحث السّابع: ضعف المخرجات ١٢٦

الفصل الثالث: الحلول المقترحة لحل مشكلات خلاوي القرآن الكريم في الصومال ١٣١
المبحث الأول: مقترحات تحسين تأهيل المعلمين ١٣٣
المبحث الثاني: مقترحات حلّ المشكلات التربويّة ١٤٠
أولا: مقترحات حلّ مشكلة العنف التربويّ ١٤٠
ثانيًا: مقترحات حلّ مشكلة عدم مراعاة الفروق الفرديّة ١٤٧
ثالثًا: مقترحات حلّ مشكلة غياب التّحفيز ١٥٤
رابعًا: مقترحات حلّ مشكلة التسرّب الدّراسيّ ١٦١
المبحث الثالث: مقترحات حلّ مشكلات المنهج ١٦٤
المبحث الرابع: مقترحات حلّ المشكلات الإداريّة ١٨٢
المبحث الخامس: حلول مقترحة لحلّ مشكلات بيئة التعليم ١٨٦
المبحث السّادس: حلول مقترحة لتطوير التقويم التربويّ في الخلاوي القرآنيّة ... ١٩٠
المبحث السابع: مقترحات حلّ مشكلة ضعف المخرجات ١٩٤

الخـاتمـة ٢٠١
المراجع والمصادر ٢٠٥

تقديم فضيلة الشيخ المقرئ

عبد الرشيد بن الشيخ علي صوفي

الحمد لله رب العالمين، والصّلاة والسّلام على سيّد المرسلين، نبيّنا محمدٍ وعلى آله وصحبه أجمعين وبعد.

فإنّ الاشتغال بالقرآن وعلومه تعلّمًا وتعليمًا وتصنيفًا لمن أشرف ما تُبذل فيه الأعمار، وتُنال به منازل الأبرار.

ولمّا تعهّد ربّنا بحفظ القرآن وصونه من الخطأ والنسيان، كان من تجلّيات ذلك أن قَيَّضَ سبحانه من اصطفى من عباده للتّصنيف في علومه الأصليّة والفرعيّة. ومن تلك العلوم الفرعيّة تاريخ المدارس القرآنيّة في أمصار المسلمين وطرائق تلقّيهم للقرآن الكريم، وقد صنّف في هذا الباب مصنَّفاتٌ كثيرةٌ محمودةٌ، ينضمّ إليها هذا الكتاب الذي بين أيدينا وعنوانه (**خلاوي القرآن الكريم في الصّومال -المشاكل والحلول**) لمؤلّفه أخينا الدكتور عمر محمد ورسمة (حفظه الله)

وقد اطّلعت على الكتاب، فوجدته فريدًا في بابه، وأحسب أنّه لم يُسبَق إليه، وقد بذل مؤلّفه جهدًا مميّزًا في جمع المعلومات الدقيقة

وتحريرها، وأضاف إليها حلولًا نوعيّة لأهمّ المشاكل التي تعرقل جهود المعلّمين في خلاوي الصّومال ومدارسها القرآنيّة.

وللمؤلّف خبرةٌ ميدانيّة في هذا المجال، وقد لمس من خلالها الحاجة للبحث والدراسة في هذا الموضوع، فَأَثْرَتْ تجربته هذا الكتاب، ممّا يجعله مرجعًا مهمًّا للباحثين في تاريخ القرآن الكريم في بلاد الصومال المعروفة بحفظ القرآن والعناية به، حتّى قيل إنه لا يكاد بيت صوماليّ في حضرٍ أو باديةٍ يخلو من حافظ أوحافظة للقرآن الكريم.

وإنّي إذ أشيدُ بهذا المصنَّف، فإنّي أسأل الله له ولمؤلّفه القبول والإخلاص، وأن ينفع به الأمة المحمّديّة. والحمد لله بدءًا وختامًا.

عبد الرشيد بن الشيخ علي الصوفي

عبد الرشيد بن
الشيخ علي صوفي

تقديم فضيلة المقرئ الشيخ

أحمد حاج قاسم

بِسْمِ اللَّهِ الرَّحْمَٰنِ الرَّحِيمِ

الحمد لله الذي علّم القرآن، خلق الإنسان، علّمه البيان، والصلاة والسلام على نبيّنا محمّدٌ القائل: «**مَا مِنَ الْأَنْبِيَاءِ نَبِيٌّ إِلَّا أُعْطِيَ مَا مِثْلهُ آمَنَ عَلَيْهِ الْبَشَرُ، وَإِنَّمَا كَانَ الَّذِي أوتيته وَحْيًا أَوْحَاهُ اللهُ إِلَيَّ، فَأَرْجُو أَنْ أَكُونَ أَكْثَرَهُمْ تَابِعًا يَوْمَ الْقِيَامَةِ**»(١)، وعلى آله وأصحابه، ومن تبعهم بإحسان إلى يوم الدين:

وبعد: فإنّ القرآن الكريم كتاب الله الخالد، وحجة الله ﷻ البالغة في خلقه، تعبّدهم بتلاوته، وفهمه، وحفظه، وتدبره، والعمل به، وهو المعجزة الباقية التي أيّد الله بها خير الخلق وخير الأنبياء والرسل عليهم صلوات الله وسلامه.

وفي فضل تعلّم القرآن الكريم وتعليمه، يقول الرّسول ﷺ: «**خَيْرُكُمْ مَنْ تَعَلَّمَ الْقُرْآنَ وَعَلَّمَهُ**»(٢)، ولقد كان السلف الصالح رحمهم الله

---

(١) رواه البخاري برقم (٤٦٩٦)

(٢) رواه البخاري برقم (٤٧٣٩).

يدركون هذه الخيرية التي يتميّز بها معلّم القرآن ومتعلّمه، فهذا أبو عبد الرحمن السلمي جلس يقرئ الناس القرآن أربعين سنة في مسجد الكوفة ويقول حديث رسول الله ﷺ: «**خيركم من تعلم القرآن وعلمه**» هو الذي أقعدني في هذا المقعد، وقال الإمام الشافعي رَحِمَهُ ٱللَّهُ: « **من تعلَّمَ القرآنَ عَظُمَت قيمتُه**»[(١)].

وقال الحافظ ابن حجر: «**لا شكّ أنّ الجامع بين تعلّم القرآن وتعليمه مكمل لنفسه ولغيره، جامع بين النفع القاصر والنفع المتعدي ولهذا كان أفضل**»[(٢)].

وعلى الرَّغم من كثرة الدّراسات القرآنيّة القديمة والحديثة والتي تناولت شتى الجوانب العلميّة التي تتعلّق بالقرآن الكريم وتعليمه، إلّا أنّ الباحث يجد قصورًا واضحًا في الكتابة عن كيفية تعليم القرآن الكريم وأساليبه التدريسيّة.

ومن هنا، فقد سعدت بالاطّلاع على كتاب (**خلاوي القرآن الكريم- المشاكل والحلول**) للأخ العزيز الدكتور عمر محمد ورسمه

---

(١) ابن القيم الجوزية، مفتاح السّعادة ومنشور ولاية العلم والإرادة، ت. عبد الرحمن بن حسن بن قائد، دار عطاءات العلم، الرّياض، المملكة العربية السعودية ٢٠١٩م(١/ ٤٧١).

(٢) ابن حجر العسقلاني، فتح الباري في شرح صحيح البخاري، ت: شعيب أرناؤوط وعادل مرشد، دار الرّسالة دمشق سوريا ٢٠١٣م، (١٥/ ١٥٢).

(حفظه الله)، ويُعنى الكتاب بدراسة أحوال الخلاوي والكتاتيب في ربوع الصّومال، ويعالج الموضوعَ على المستوى النظري والتطبيقي، إضافة إلى عرض المشكلات، ثم طرح الحلول العلاجية لها.

وليس بغريب على المؤلّف تناول هذا الموضوع الشّائك، فقد سبق أن كتب عنه أبحاثًا علميّة، كما قدّم دورات وورشًا متعدّدة للمعلّمين والقائمين على الخلاوي القرآنيّة.

وممّا يميّز هذا الكتاب أن مؤلّفه حاول أن يوظّف نتائج الدراسات التربويّة في تقويم الخلاوي القرآنيّة ودراسة مشكلاتها واقتراح حلولٍ لها، وهذا ما يجعله مرجعًا علميًّا مهمًّا في تصحيح مسار الخلاوي القرآنيّة الصوماليّة.

والله أسأل أن ينفع بهذا العمل، وأن يُثيب مؤلّفه، وأن يجزي كلَّ من أعان على نشر كتاب الله خير الجزاء، إنه تعالى جواد كريم نعم المولى ونعم النصير.

كتبه/ الشيخ أحمد حاج قاسم

إمام وخطيب في مسجد خديجة بنت خويلد

والباحث في علوم القرآن بالشبكة الإسلامية

تاريخ: ١٤٤٥/٣/٩هـ /٢٠٢٣/٩/٢٤م

أحمد حاج قاسم
غفر الله له

تقديم المقرئ الشيخ الدكتور

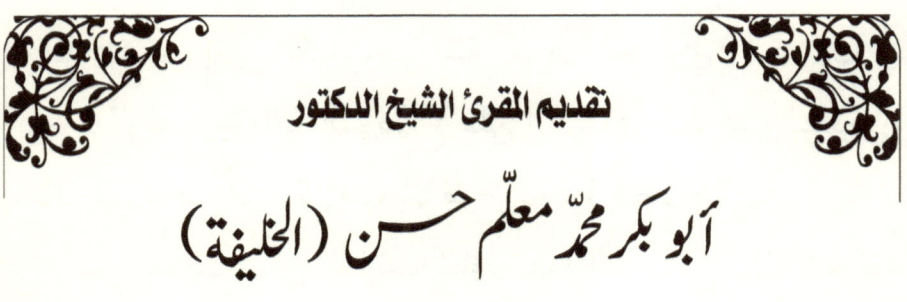

أبو بكر محمّد معلّم حسن (الخليفة)

الحمد لله الكريم الوهاب، والصلاة والسلام على النبي الأواب، وعلى آله وأتباعه والصحاب، وبعد:

فإنّ تعليم القرآن الكريم وقراءاته وعلومه -في الثقافة الإسلامية- قد انتظم في البيوت والمساجد والزوايا، والكتاتيب والخلوات على أيدي المؤدّبين والمعلّمين، وفق مناهج علميّة وطرائق تدريسيّة، فتطوّر تعليم القرآن الكريم مواكبةً لتطوّر التعليم، حتى دخل في التعليم النظاميّ والمدارس، وارتقى إلى الكلّيات والجامعات في العصر الحديث؛ تلبيةً لمتطلّبات العصر واستجابةً لحاجة المجتمع، طبق ضوابط علميّة وشروط مهنيّة.

وقد تميّز الشعب الصوماليّ بتعليم القرآن الكريم وحفظه، والاهتمام بإقامة خلاويه ومراكزه، حتّى أصبح ارتباطهم بالقرآن وحرصهم على حفظه ظاهرة عالميّة، وسجّلوا بذلك ريادتهم في مجال القرآن وحفظه إقليميًا ودوليًا.

وعلى الرّغم من أهمّية الخلوة ومكانتها الاجتماعيّة والعلميّة في بلادنا؛ إلّا أنّها لم تحظ باهتمام الكُتّاب والباحثين، لتقويم مناهجها، وتطوير وسائلها، وتصحيح مسارها، سوى بعض الشوارد التي نثرها عدد من الكتّاب في المواقع والمنتديات، حتى استلّ الأخ الدكتور/ عمر محمد ورسمة يراعه السيّال، فأخرج سِفرا يُوقِر المتون، ومصنَّفا يكشف المكنون، سماه: **خلاوي القرآن الكريم في الصومال (المشاكل والحلول)** جمع فيه بين الأصالة والمعاصرة، وقدّم الفوائد بالمناظرة، واستنطق المُبهمات، وحلّ المدلهمّات، بأسلوب بديع ممتع، في منطق سهل ممتنع.

وقد اطّلعت على الكتاب فوجدّته مفيدًا ممتعًا، فكتبت في تقريظه هذه الأبيات التي جاءت بسجيّة بعد إعجابي بالكتاب ومضمونه، وما انتدب له من تصحيح مسار خلاوي القرآن في الصومال، فقلت:

هذا الكتاب فريد ينشر الخُبُرا … سِفْرٌ مفيدٌ حوىٰ في طيّه دُرَرَا

وفي خلاوي القُرَان جاء يُنجِدها … إِرْثًا تَليداً وطَرْحًا كان مُبْتَدَرَا

كالنحلِ يقطِفُ من كلِّ الثمار ندًىٰ … فتخرج الشَّهْدَ ألوانَ الشِفاءِ تُرَىٰ

فيه المَواقِفُ تَحكِي عن تَجارِبِها … سَرْداً وتحليلَ سِرٍّ فيه إذْ ظَهَرَا

حلَّ المشاكل لم يُهمِل دقائقها وأورَد النُصْحَ في الحِلِّ الذي خَطُرَا
لله دَرُّك إذْ رُمتَ الصُّعودَ ذُرَىٰ في خِدمَةِ الذِّكرِ والكُتَّابِ مُسْتَطِرَا
شكراً أبا حمزةٍ دُكْتورَنا عُمرُ سدَدتَّ ثَغْراً كبيرا في البِلادِ طَرَا
إنِي الخليفةُ في القرآنِ خادِمُكُمْ وفي العلومِ فتىً يَسْتَنْطِقُ الحَجَرَا

وأسأل الله أن يبارك هذا العمل وصاحبه، وأن ينفع به الإسلام والمسلمين.

والحمد لله رب العالمين.

د. أبوبكر محمّد معلّم حسن (الخليفة)
خادم القرآن الكريم والسنّة المطهّرة
مقديشو - الصومال

بسم الله الرحمن الرحيم

المقدمة

الحمد لله رب العالمين والصلاة والسلام على رسوله الأمين، ومن تبعه بإحسانٍ إلى يوم الدين.

أما بعد:

فتُعتبر خلوة القرآن الكريم في الصومال (الدُّكْسِي) المحضن التَّربويّ المؤسّس للشخصية الصوماليّة، حيث يبدأ الطّفل الصوماليّ منها حياته خارج بيته، وذلك قبل أن يعرف المدرسة النظاميّة، وقبل أن يتَّصل بالعالم الخارجيّ من حوله.

ويشتهر الشعب الصوماليّ بعنايته الكبيرة بحفظ القرآن الكريم، إذ لا يخلو أيّ تجمّع سكّانيّ صوماليّ في الحضر والبادية من خلوة للقرآن الكريم. فالخلوة القرآنيّة في الصّومال ليست مجرّد حلقاتٍ لتحفيظ القرآن تُرسِلُ إليها الأسر أبناءَها بعد دوام المدرسة النظاميّة، كما هو الحال في كثيرٍ من البلدان العربيّة والإسلاميّة؛ وإنما هي ركيزةٌ أساسيّةٌ من التّقاليد الشعبيّة التي يلتزم بها الشّعب من منطلق أنّها من الحقوق الدّينيّة التي تجب على الآباء للأبناء، ويشعر أولياء الأمور بالتّقصير في تربية أولادهم إذا لم يُلحقوا أبنائهم بالخلاوي القرآنيّة، وبالمقابل،

تشعر الأسرة بالإنجاز والسّعادة إذا حفظ طفلها القرآن الكريم.

ولعلّ من أبرز ما يُظهر مكانة الخلوة القرآنية لدى المجتمع الصوماليّ التزام البدو الرُّحل بالخلوة القرآنيّة في حلّهم وترحالهم، إذ تقام الخلوة القرآنية فور حلول المجتمع البدويّ في المكان الجديد، حتى أصبح سماع أصوات طلّاب الخلوة من المعالم المميّزة للتجمّع البدويّ الصوماليّ.

ومن اللّافت للنظر أنّ الاهتمام بالقرآن، وإلحاق الأبناء بالمدارس القرآنيّة قبل انتظامهم في المدارس النظاميّة يزداد بشكل مطّردٍ في العقود الأخيرة، ليس في داخل الأراضي الصومالية في القرن الأفريقي فحسب(١)، بل على مستوى الصوماليّين المنتشرين في بلاد الغربة، فقد اصطحبوا معهم خلاوي القرآن الكريم إلى كلّ البلاد التي لجأوا إليها في المشرق والمغرب، فأقاموا خلاوي القرآن في (جنوب أفريقيا، وزامبيا، وأوغندا، وبريطانيا، والسّويد، والنرويج، وألمانيا، والدنمارك، وفنلندا، والولايات المتّحدة الأمريكيّة، وكندا)، وغيرها من البلدان التي وصلوا إليها. وهذا ما انعكس مؤخّرًا في المسابقات الدّوليّة للقرآن

---

(١) يُقصد بالأراضي الصوماليّة هنا: الصومال الكبير، وهي: الأراضي الصومالية التي قسمها الاستعمار الأوروبي في القرن التاسع عشر، وتشمل جمهورية الصومال، وجمهورية جيبوتي، والإقليم الخامس في إثيوبيا الفيدرالية حاليًا، والإقليم الشمالي الشرقي في جمهورية كينيا المعروف بـN.F.D.

الكريم، إذ يتوافد عليها سنويًّا عددٌ من المتسابقين الصُّوماليّين الذين يحملون أعلام البلاد التي اغتربوا إليها، وقد أحرز عددٌ منهم المراكز الأولى في تلك المسابقات في السّنوات الأخيرة، مّما جعل العنصر الصُّومالي ظاهرةً لافتةً للأنظار في المسابقات الدوليّة.

وعلى الرّغم من هذا الاهتمام البالغ بحفظ القرآن الكريم عند الصوماليّين، والجهود الّتي يبذلوها في تحفيظ أبنائهم القرآن الكريم، وإلحاقهم بالمدارس القرآنيّة؛ فإن خلاوي القرآن الكريم في الصّومال تعاني من مشكلات عدّة في المناهج، والإدارة، وإعداد المعلّمين، وطرق التدريس، وغيرها من الجوانب التربويّة والتعليمية، وهو أمرٌ يستدعي تضافر الجهود على كافةِ المستويات للبحث عن حلول لهذه المشكلات؛ لتعلُّقها بأهم مؤسَّسة في تكوين أجيالنا الناشئة في ظل هذا العالم التائه الذي تصدّرت فيه أفكار الانحلال والضياع.

وتأتي هذه الدّراسة للإسهام في هذا المضمار من خلال استعراض أبرز مشكلات خلاوي القرآن الكريم في الصّومال، ودراسة مظاهرها، وعواملها، واقتراح حلولٍ لها من وجهة نظر الباحث، وتقدّم الدراسة كذلك عرضًا مفصّلًا عن خلاوي القرآن الكريم في الصّومال وتاريخها، وتقاليدها، وأنماطها، وأدبيات التعليم فيها، وأهمّ إنجازاتها؛ لتداولها والإفادة منها.

أهمّية الدراسة:

تأتي أهمّية هذه الدراسة من جوانب عدّة أهمّها:

١- كونها ترتبط بالخلوة القرآنية التي هي المهد الأوّل للتعليم والدّعوة عند المجتمع الصوماليّ، فمنها يبدأ الطفل حياته العلميّة، ومن خلالها يرتبط بالإسلام ومبادئه قبل أن يُتمَّ الخامسة من عمره، وهذا يعني أنّ الاهتمام بالخلوة القرآنيّة متغيّرٌ مهمٌّ في صياغة أجيالنا الصّاعدة!

٢- تحتوي الدراسة على مقترحات تطبيقيّة لحلّ مشكلات خلاوي القرآن الكريم، وتشكّل هذه المقترحات حصاد عقدين من معايشة الباحث لمراكز تحفيظ القرآن الكريم طالبًا، ومعلّمًا، ومشرفًا، ومدرّبا، مع مستخلص قراءاته في مصادر التربية، ومراجع تطوير المراكز القرآنيّة.

٣- على الرّغم من وجود عددٍ من الدراسات العلميّة في موضوع خلاوي القرآن الكريم في الصّومال، فإن معظمها تدور حول الجانب الثقافيّ المتمثّل بالكشف عن رسميّات التعليم في الخلوة وتقاليدها، أو الجانب الوصفي المتمثّل بوصف طرق التدريس، وأدبيات التعليم في الخلاوي ونحوها، ولم يقف الباحث على دراسة علميّة سابقة تناولت المشكلات التعليمية والتربوية في الخلاوي القرآنيّة.

منهج الدراسة:

أمّا المنهج المتّبع في هذه الدراسة، فهو المنهج الوصفيّ التحليليّ وهو: «المنهج الّذي يعتمد على التحليل الموضوعيّ لظاهرة من الظواهر، معتمدًا على جمع البيانات،وتصنيفها، ومعالجتها بدقة، وذلك للوصول إلى استنتاجات ونتائج محدّدة عن الظاهرة موضوع الدراسة»(١).

واستُخدم في جمع البيانات الميدانية أداتين هما:

١- **الملاحظة**: وذلك من خلال معايشة الباحث للخلوة القرآنيّة في العقدين الأخيرين طالبًا، ومعلّمًا، ومشرفًا، ومدرّبا، ووليّ أمر أيضًا.

٢- **المقابلة**: وقد استُخدمت في جمع البيانات الميدانية من عيّنة بلغت أربعة وثلاثين من منسوبي خلاوي القرآن الكريم في المنطقة الصوماليّة من خبراء، ومعلّمين، وإداريين، ورؤساء جمعيات.

وتتكون الدراسة من مقدمة وثلاثة فصول، استعرض الأول منها خلاوي القرآن الكريم من حيث المفهوم والمصطلحات المستخدمة للدّلالة عليها في العالم الإسلامي، ثم قدّم خلفية عن مكانة الخلوة القرآنيّة في المجتمع الصوماليّ، وأنماط خلاوي القرآن الكريم في

(١) كامل محمد المغربي، أساليب البحث العلمي في العلوم الإنسانية والاجتماعية، دار الثقافة للنشر والتوزيع ، عمّان الأردن ٢٠٠٧، (ص٩٦-٩٧)، وجيهان محمود جودة، البحث الإجرائي لحل المشكلات التربوية والسلوكية، دار الزهراء الرياض ٢٠١٤، (ص٢٤).

المنطقة الصوماليّة، وأدبيات التّعليم في كلّ منها. وفي الفصل الثّاني استعرضت الدّراسة أبرز المشكلات التربوية والتعليمية في الخلاوي القرآنية الصومالية، بينما عرض الفصل الثالث مقترحاتٍ عمليّة لحلّ تلك المشكلات في ضوء الأدب التربوي.

قصة هذا الكتاب:

نشأت عندي فكرة الاهتمام بتطوير خلاوي القرآن الكريم في الصومال في فترة إقامتي في اليمن طالبًا في مرحلة البكالوريوس، وبعد اطّلاعي على خبرات متنوّعة في إدارة المراكز القرآنية، من خلال عملي في مراكز تحفيظ القرآن الكريم في مدينة تعز، ومنذ ذلك الوقت نشأ عندي الإحساس بأهمّية تطوير خلاوي القرآن الكريم في الصّومال، لاسيّما فيما يتعلّق بتربية الأطفال، وتحديث إدارة المراكز القرآنيّة، وكنت بين الحين والآخر أقدّم لمعلّمي القرآن الكريم بعض المحاضرات والورش التدريبيّة.

ثم زاد اهتمامي بهذا المجال في عام ٢٠١٩م، أثناء عملي مشرفًا على بعض مراكز تحفيظ القرآن الكريم في كينيا، فشرعت في إعداد بعض المذكّرات والعروض التقديميّة في تطوير الخلاوي القرآنيّة وعلاج مشكلاتها، ثم تطوّرت تلك العروض إلى حقيبة تدريبيّة أسميتها: (مواصفات المركز القرآنيّ الناجح)، وقد ضمّنتها حلولًا مقترحة لكثيرٍ من مشكلات الخلاوي القرآنيّة، وقدّمتها للمعلّمين عدّة مرّات، في (نيروبي)، و(قاريسا) و(كسمايو)، و(بلدة حواء)، واستفاد منها -بفضل الله- أكثر من (٥٠٠ معلّم ومعلّمة).

ثم عزمت على تدوين ما قدّمته في هذه الحقيبة، في كتاب يكون مرجعًا للمعلّمين وإدارات المراكز القرآنيّة، فشرعت في تأليف كتاب عنونت له: (مواصفات المركز القرآنيّ الناجح)، ليكون مكملًا للحقيبة التدريبيّة المشار إليها.

وفي أثناء عملي في إعداد هذا الكتاب تواصل معي في نهاية صيف (٢٠٢٢م)، الإخوة في مركز (المقاصد) في (مقديشو)، وطلبوا منّي أن أشارك بورقة بحثيّة في المؤتمر العلميّ للمركز الذي كان بعنوان (التعليم الشرعيّ في الصّومال - المقاصد، المناهج المشكلات)، وطلبوا منّي أن يكون بحثي في (التعليم الشرعيّ عبر التقينيّات الحديثة ووسائل التواصل الاجتماعيّ)، لكنني اقترحت عليهم أن تكون ورقتي البحثيّة حول محور: (الخلوة القرآنيّة الصوماليّة)، فأقبلت على إعداد الورقة العلميّة، وذلك بالرجوع إلى مذكّراتي، ومن خلال قراءاتي في مصادر التربية، ومراجع تطوير المراكز القرآنيّة، ومن خلال مقابلات أجريتها مع عدد من منسوبي الخلاوي القرآنية الصوماليّة، فكتبت في البداية ورقة بحثيّة مختصرة ناقشت بعض المشكلات في الخلاوي القرآنيّة، ثم قويت عندي فكرة تطوير الورقة إلى كتاب مستقلٍّ، فكان - بتوفيق من الله - هذا الكتاب الذي بين أيديكم.

وتجدر الإشارة إلى أنّنا لا نزعم هنا أنّنا أتينا بكلّ شيء كان ينبغي أن يقال عن الخلوة القرآنيّة الصوماليّة ورسمياتها ومشكلاتها؛ وإنّما

هي محاولة لتلخيص أبرز ما في الموضوع وعرضه للتداول والنقاش؛ لا سيّما أنّ الخلاوي القرآنية تعدُّ من الذاكرة الجمعيّة للمجتمع الصوماليّ، إذ لا تخلو ذاكرة إنسانٍ صوماليّ في الحضر والبادية من ذكريات أيام الخلوة القرآنيّة، ولهذا، فإن القارئ سيظلّ في تفاعل مستمرّ مع الكاتب أثناء قراءته لمباحث هذا الكتاب، فيوافقه تارةً، ويخالفه تارة، وتستوقفه بعض النقاط فيتمنّى لو أضيف إليها كذا وكذا، وقد تمرّ عليه بعض المسائل فتثير عنده بعض التساؤلات، وهذا كلّه ما أتمنّى أن يصلني في البريد الإلكترونيّ المرفق أدناه.

وقد يكون من نافلة القول الإشارة إلى أنّنا في هذه الدّراسة نمارس دور نقد الذات، بهدف تشخيص العلّة واقتراح حلول علاجية لها، ولهذا ستجدنا نوجه البوصلة إلى تلمّس موطن الجرح وتسليط الضوء عليه بغية طرح مقترح علاجه، وذلك من منطلق أن التشخيص الصحيح للمرض هو أوّل نقطة للحصول على الترياق الناجع له.

وفي الختام لا يسعني إلا أن أشكر كلّ من أسهم معي بالرأي والمشورة خلال عملي في إعداد هذا الكتاب، وأخصّ بالشكر الزملاء الأفاضل الدكتورة رانيا رمضان، والأستاذ محمد حامد الطفيل، والأستاذ محمد عثمان جالو؛ لما تفضّلوا به من مراجعة مسوَّدات الطبعة الأولى من هذا الكتاب وإبداء الرأي فيها، راجيًا من الله أن يجعل ذلك في ميزان حسناتهم.

وأشكر كذلك الأستاذين الفاضلين : الشيخ الدّكتور أبو بكر محمّد

معلّم حسن (الخليفة) والشيخ الفاضل أحمد شيخ آدم محمّد (سُلُب Sulub) على جهودهما المشكورة في مراجعة الطبعة الأولى من هذا الكتاب، وإبداء ملاحظاتهما القيّمة، جزاهما الله خير الجزاء.

ويُسعدني كذلك أن أقدّم وافر الشكر والامتنان للعلمين الجليلين: المقرئ الشيخ عبد الرشيد بن الشيخ علي صوفي (حفظه الله) والمقرئ الشيخ أحمد حاج قاسم (حفظه الله) على ما تفضّلا به من قراءة هذا الكتاب وإبداء الرأي فيه، وكتابة أسطر مباركة عن انطباعيهما بعد الاطّلاع على الكتاب. أسأل الله أن يبارك فيهما وينفعنا بعلمهما.

وهناك عددٌ من الأساتذة الأفاضل والأستاذات الفضليات من منسوبي ميدان تحفيظ القرآن الكريم في الصومال، قابلتهم أثناء جمع البيانات، ولا يسع المقام لذكر أسمائهم، أشكرهم جميعًا على أوقاتهم الثمينة، سائلًا المولى أن يجزيهم خير الجزاء.

وأسأل الله العليّ العظيم أن يبارك في هذا الجهد، وأن ينفع به الإسلام والمسلمين، وأن يجعله في ميزان حسنات صاحبه ﴿يَوْمَ لَا يَنفَعُ مَالٌ وَلَا بَنُونَ ﴿٨٨﴾ إِلَّا مَنْ أَتَى ٱللَّهَ بِقَلْبٍ سَلِيمٍ﴾ [الشعراء: ٨٨-٨٩].

وكتبه الفقير إلى عفو ربه

أبو حمزة عمر محمّد ورسمة

الدّوحة - قطر

صبيحة يوم عرفة ١٤٤٤هـ - الموافق ٢٧ يونيو ٢٠٢٣م

البريد الإلكتروني: binwarsame99@gmail.com

الفصل الأول

خلفية عامّة عن خلاوي القرآن الكريم في الصومال

المبحث الأول: مدخل إلى خلاوي القرآن الكريم

المبحث الثاني: مكانة الخلوة القرآنية لدى المجتمع الصومالي

المبحث الثالث: أنماط الخلوة القرآنية الصومالية

المبحث الأول

خلاوي القرآن الكريم «مدخلٌ مفاهيميّ»

أولاً: الخلاوي لغة واصطلاحًا:

الخَلَاوِي، المفرد (خَلْوَة)، من الفعل خلا يخلو، يقال: خلا المكانُ والشيءُ يَخْلُو خُلُوًّا وخَلاءً: إِذا لَمْ يَكُنْ فِيهِ أَحد، وَلَا شَيْءَ فِيهِ. والخَلاءُ مِنَ الأَرض: قَرارٌ خالٍ[١]، والخَلْوة:المكان الذي لا يوجد فيه أحد. ومنه الخلوة التي هي العزلة مع النفس والانقطاع للعبادة[٢] كما روي عن النبي ﷺ أنه: **«حُبِّبَ إِلَيْهِ الخَلاَءُ، فَكَانَ يَلْحَقُ بِغَارِ حِرَاءٍ فَيَتَحَنَّثُ فيه»**[٣].

والأصل جمع (خَلوة) على (خَلَوَات)، وليس على (خلاوي)، لأنّ (خَلْوَة) اسم مؤنّثٌ على وزن (فَعْلَة) ويُجمع على (فعَلَات)[٤]،

---

(١) ابن منظور، لسان العرب دار صادر بيروت ١٤١٤هـ مادة (خلا) (١٤/ ٢٣٧).

(٢) معجم الدوحة التاريخي للغة العربية، المنصة الإلكترونية مادة (خلوة).

(٣) محمد بن إسماعيل البخاري، صحيح البخاري، دار ابن كثير ، دمشق ٢٠٠٢م، رقم الحديث (٤٦٩٠). والتحنث هو: التعبّد.

(٤) يشترط في جمع الكلمة حمعًا سَالمًا على وزن (فَعَلَات) أن تكون الكلمة اسمًا، لا وصفًا، وأن تكون مؤنّثة في المعنى، مختومة بالتّاء أو مجرّدة، وأن تكون ثلاثيّة، وأن تكون صحيحة العين، راجع: شرح ابن عقيل على ألفية ابن مالك، ت: محمد محي الدين عبد الحميد، دار التراث القاهرة ١٩٨٠، (٤/ ١١٠-١١١).

مثل: حَلْقة: حَلَقات، وطَلْقة: طَلَقات، وركْلة: رَكَلات، وركْعة: ركَعات. قال ابن مالك رَحِمَهُ ٱللَّهُ في الألفية:

وَالسَّالِمَ الْعَيْنِ الثُّلَاثِي اسْمًا أَنِلْ   إِتْبَاعَ عَيْنٍ فَاءَهُ بِمَا شُكِلْ
إن سَاكِنُ الْعَيْنِ مُؤَنَّثًا بَدَا   مُخْتَتَمًا بِالتَّاءِ أَوْ مُجَرَّدًا [(١)]

ولكن شاع في استخدام النّاس حديثًا جمع (خَلوة) على (خَلاوي)، حتّى أصبح جمعها على (خلَوَات) مخالفًا للمألوف. وقد اعتمدنا استخدام (خلاوي) في هذا البحث جريًا على ذلك؛ مع أنّه مخالفٌ للقياس، كما قاله أحمد إسماعيل البيليّ في أرجوزته المسمّاة (الذائعة في الأخطاء الشائعة):

وَلَا تَقلْ فِي جَمْعِهَا خَلَاوِي   تَقِيسُهَا جَهْلًا عَلَىٰ فَتَاوِي
فَإِنَّ فِي ٱلْقَامُوسِ لَفْظُ فَتْوىٰ   وَلَيْسَ فِي الْقَامُوسِ لَفْظُ خَلْوىٰ [(٢)]

(١) أبو عبد الله محمد بن عبد الله بن مالك الأندلسي، الخلاصة في النحو المعروفة بـ«ألفية ابن مالك»، ت: عبد المحسن محمد القاسم، الطبعة الرابعة ٢٠٢١م: (٣٤٠)، يقول ابن عقيل رَحِمَهُ ٱللَّهُ في شرح هذين البيتين: «إذا جمع الاسم الثلاثي الصحيح العين الساكنها المؤنث المختوم بالتاء أو المجرد عنها بألف وتاء أتبعت عينه فاءه في الحركة مطلقا فتقول في دعد دعَدات وفي جفنة جفَنات...»، شرح ابن عقيل على ألفية ابن مالك،(٤/ ١١٠-١١١).

(٢) أحمد علي الإمام، الخلوة والعودة الحلوة، دار السداد للطباعة ٢٠٠٧ (ص١٠)، ومصطفى البكري الشيخ الهادي: الخلاوي في السودان ماض عريق وعطاء مستمرّ خلاوي الشيخ الصابونابي أنموذجًا (د.ت) (ص١٧).

وفي الاصطلاح: تُطلق الخلاوي على أماكن تعليم الأطفال القرآن الكريم، وهي مأخوذة من الدَّلالة الحسّية للكلمة وهو: الخلاء والفراغ، وذلك لأنّ العادة جرت على بنائها في مكان خالٍ بعيدٍ عن المنازل، أو أنّها مأخوذةٌ من الدّلالة المعنويّة الرُّوحيّة الّتي هي العزلة مع النفس، والانقطاع عن النّاس للعبادة، لأنّ الخلاوي أماكن يخلو بها شيوخ الحلقات بطلّابهم للتعليم، ويتفرّغون فيها للعبادة والتقرّب إلى الله(١).

وذكر الدكتور أحمد علي الإمام أنّ إطلاق مصطلح (الخَلوة) عَلَمًا على أماكن تعليم الأطفال القرآن الكريم مصطلحٌ سودانيّ النشأة، وأنه جاء من أنّ الشيوخ كانوا يتفرّغون فيها لتعليم القرآن والعلوم الشرعيّة، ثم يتّخذ كلّ واحدٍ منهم خلوةً يتعبّد فيها، ويُقرئ فيها القرآن، ويعلّم الناس أمور دينهم»(٢).

ثانيًا: مصطلحات مرادفة للخلوة:

إلى جانب مصطلح (الخلاوي) يُستخدم عددٌ من المصطلحات للدّلالة على مراكز تحفيظ القرآن الكريم، وفيما يلي عرضٌ لأشهرها:

---

(١) أحمد علي الإمام، الخلوة والعودة الحلوة(ص٩-١٠)، ومصطفى البكري الشيخ الهادي: الخلاوي في السودان ماض عريق وعطاء مستمرّ (مرجع سابق) (ص١٨).

(٢) مصطفى البكري الشيخ الهادي: الخلاوي في السودان ماض عريق وعطاء مستمرّ (ص١٦-١٧).

١- **حلقات تحفيظ القرآن الكريم**[١]: ويستخدم غالبًا للحلقات القرآنيّة التي تُقام في المساجد.

٢- **مراكز التّحفيظ**: يُستخدم هذا المصطلح غالبًا لهذا النوع من المراكز التي لها مقرّات خاصّة بها، للتمييز بينها وبين الحلقات التي تقام في المساجد. ويُستخدم في بعض البلدان للدّلالة على المراكز ذات المناهج الحديثة لتمييزها عن الخلاوي التقليديّة كما هو الحال في الصّومال وكينيا.

٣- **المدارس القرآنيّة**: يُستخدم هذا المصطلح في شرق أفريقيا مثل كينيا، وأوغندا، وتنزانيا، للدّلالة على مراكز تحفيظ القرآن الكريم، وقد يُتوسَّع فيه ليعمَّ كلّ المراكز التي يتعلّم فيها التعليم الإسلاميّ كالمعاهد، والمدارس النظاميّة الإسلاميّة ونحوها، بينما يطلق مصطلح (إِسكول School) على المدارس النّظاميّة الحكوميّة. ويُستخدم مصطلح (المدارس القرآنيّة) في الصُّومال للدّلالة على المراكز ذات المناهج الحديثة؛ لتمييزها عن الخلاوي التقليديّة التي يطلق عليها (الدكسي) كما سيأتي تفصيله.

---

(١) يبدي بعض العلماء المهتمّين بالقرآن وتعليمه ملاحظة حول استخدام مصطلح (حلقات التحفيظ) أو (مراكز التحفيظ) لما فيه من اختزال مهمّة المراكز القرآنية بالتحفيظ المجرّد، ويقترحون استبداله باللفظ الشرعي وهو (تعليم القرآن) كما قال تعالى: ﴿الرَّحْمَنُ، عَلَّمَ الْقُرْآنَ﴾ وقوله ﷺ: (خَيْرُكُمْ مَنْ تَعَلَّمَ الْقُرْآنَ وَعَلَّمَهُ) رواه البخاري برقم (٤٧٣٩). وهو- وإن كان لا مشاحة في الاصطلاح - تخريج وجيه ينبغي تأمّله!

٤- **الكُتَّاب**: ويجمع على كَتاتيب: وهو مصطلح قديم الاستعمال للدّلالة على مكان تعليم الصّبيان القراءة والكتابة والقرآن، من لدن عهد الصحابة رضوان عليهم، فقد روي عن الصحابيّ الجليل عبد الله بن مسعود الهذليّ رَضِيَ اللَّهُ عَنْهُ أنّه قال في سياق تأكيده على سبقه في الأخذ بالقرآن: «**قرَأْتُ من في رسولِ اللهِ ﷺ سبعينَ سورةً، وإنَّ زَيدَ بنَ ثابِتٍ له ذُؤابةٌ في الكتّاب**» (١) أمّا في الوقت الرّاهن فيبدو أن استخدام مصطلح (الكتّاب) قلّ بعد تراجع دور (الكتّاب) وحلول حلقات التحفيظ التي تُقامُ في المساجد محلّها في معظم الدول الإسلاميّة، ممّا جعل استخدامه منحصرًا في سياق التأريخ لتقاليد تحفيظ القرآن الكريم.

ويُستخدم مصطلح (كُتّاب) في بعض المناطق الجنوبيّة في الصّومال للدّلالة على تلامذة خلاوي القرآن الكريم، فيقال مثلًا: (أكرموا الكتَّاب)، (هل قدّمتم الطّعام للكتّاب؟) ونحوها(٢)، وهو إطلاق عربيّ فصيح، قال في تاج العروس (والكتّاب:الصبيَان قاله المبرّد)(٣)

٥- **المَكْتَبْ**: وهو من نفس الجذر، واستخدامه للدّلالة على أماكن

(١) أخرجه النسائي برقم (٥٠٧٩) وأحمد في مسنده برقم (٤٢١٨)، والحديث صحيح، صحّحهُ الألباني في صحيح سنن النسائي.

(٢) يحظى طلاب الخلاوي القرآنية في المجتمع الصّوماليّ باحترام كبير، ويقدّم لهم الهدايا، ويطلب منهم الدّعاء كما سيأتي في المبحث الثاني من هذه الدراسة.

(٣) محمد مرتضى الزبيدي، تاج العروس من جواهر القاموس، منشورات وزارة الإرشاد والأنباء في الكويت ١٩٦٥، (٤/ ١٠٤).

تعليم الصّبيان قديمٌ أيضًا، فقد ورد في لسان العرب لابن منظور «المَكْتَبُ مَوْضِعُ التَّعْلِيم، والمُكْتِبُ المُعَلِّم»[1]، ومنه قول شوقي رَحِمَهُ ٱللَّهُ في قصيدته (صحبة المكتب):

أَلا حَبَّذا صُحبَةُ المَكتَبِ وَأَحبِب بِأَيّامِهِ أَحبِبِ

وَيا حَبَّذا صِبيَةٌ يَمرَحو نَ عِنانُ الحَياةِ عَلَيهِم صَبي

٦- المَحْظَرَة (المحضرة): وهو مصطلح مغاربيٌّ يُستخدم للدّلالة على المراكز التقليديّة التي تُدرَّس فيها العلوم الإسلامية من قرآنٍ، وفقهٍ، وأصولٍ، وعلوم لغة، وغيرها. وقد اختلف في لفظه بالظّاء (محظرة) أو بالضّاد (محضرة) وأيّهما الأصل؟ فمن لفظها بالظّاء وهو المشهور في موريتانيا، قال إنها مأخوذةٌ من الفعل (حَظَرَ) لأنّ المحاظر في الغالب تحاطُ بسورٍ يحيط بمقام الشيخ وعرائش طلّابه لحمايتهم من الحيوانات وغيرها، وقيل إنّها من الحظر المعنويّ لأنّ شيخ المحظرة يحظر على الطلّاب التجوّل في القرية والانشغال بغير التّعليم[2]. ومن لفظها بالضّاد (محضرة) قال إنّها من الحضور،

(١) ابن منظور، لسان العرب، دار صادر بيروت ١٤١٤هـ، (١/ ١٩٩).

(٢) الخليل النحويّ، بلاد شنقيط، المنارة والرّباط، منشورات المنظمة العربية للتربية والثقافة والعلوم (أليسكو) ١٩٨٧م، (ص٦١)، ومولاي شريفة، المحاضر وأثرها في المجتمع الموريتاني، رسالة ماجستير، جامعة أحمد دراية - الجزائر ٢٠٢٠م، (ص٢٥).

أي: مكان الحضور الذي يجتمع فيه الناس لتلقّي العلم[١].

٧- المَسِيد: وهو مصطلح مغاربيّ أيضًا، كما قاله العلاّمة المغربيّ محمد المهدي مَتْجِنُوش[٢] في منظومته:

ثمّ توضَّأ واخرجنْ للمَكْتَبِ وهو المَسيدُ عندنا بالمغربِ[٣]

ويُستخدم مصطلح (المسيد) كذلك في السّودان للدّلالة على الخلاوي القرآنية التي تجمع بين مدرسة القرآن والمصلّى والمسكن، فإذا اجتمعت هذه المناشط الثّلاثة فهو المسيد، أمّا إذا كانت مدرسة قرآن فحسب فهي (خلوة)[٤].

وأصل لفظة (المسيد) المسجد، أُبدل الجيم ياءً، ثم قلبت إلى ياء

---

(١) عبد الهادي حميتو، حياة الكتّاب وأدبيات المحضرة، منشورات وزارة الأوقاف والشؤون الإسلامية ، المملكة المغربية ٢٠٠٦م، (١/ ٤٢٨- ٤٢٩).

(٢) هو الإمام الفقيه المقرئ أبو عيسى محمد المهدي بن عبد السّلام بن المعطي متجنوش (١٨٦١-١٩٢٦م)، الأندلسيّ الأصل، الرباطيّ المولد والمنشأ، المشهور بمَتْجِنُوش (بفتح الميم، ثم تاء مثناة فوق ساكنة، ثم جيم مكسورة، ثم نون مضمومة، بعدها حرف مد وشين) وهو لقبٌ إسبانيّ بمعنى المسكين. (راجع: الاغتباط بتراجم أعلام الرباط، محمد بن مصطفى بوجندار الرباطي ت. أحمد بن عبد الكريم نجيب، دار المذهب للطباعة والنشر والتوزيع، الطبعة الثامنة ٢٠١٤م، (ص٥٢٢-٥٢٣)، راجع كذلك ترجمته في موقع الرابطة المحمّديّة للعلماء في المملكة المغربية.

(٣) أحمد مصباح اسحيم، حياة الكتاتيب وأدبيات التعليم الديني في ليبيا، مجّلة أصول الدين، الجامعة الأسمريّة الإسلاميّة، ليبيا ٢٠١٧ العدد الثاني: (٣٣٤).

(٤) الطيب محمد الطيب، المسيد، دار العزة للنشر والتوزيع الخرطوم، (ص٧١).

مديّة (مسِيد) [(١)]، وهي لغة قديمة في (مسجد) كما نقله صاحب تاج العروس في قوله «**ومَسِيد: لُغَةٌ فِي: مَسْجِد**»[(٢)]، وكذا نقله بدر الدين الزركشي رَحِمَهُ ٱللَّهُ في كتابه (إعلام السّاجد بأحكام المساجد) حيث قال بعد أن أورد لغتي: كسر الجيم وفتحه في (مسجد): «**ويقال (مسيد) بفتح الميم، حكاه غير واحدٍ، فتحصّلنا فيه على ثلاث لغات**»[(٣)]

٧- **المِعْلَامَة**: بكسر الميم وسكون العين، وهو مصطلح يمنيٌّ يُستخدم للدّلالة على أماكن تعليم الأطفال القراءة، والكتابة، وحفظ القرآن، ولكنّه انحصر مؤخرًا بعد انتشار المصطلحات الحديثة كحلقات التحفيظ، ومراكز التحفيظ ونحوها.

ويظهر من استعراض بعض كتب التاريخ لعلماء اليمن أنّ استخدام مصطلح (المِعْلَامَة) -علمًا على مراكز تعليم الأطفال- في اليمن قديم، فقد استخدمه غير واحدٍ من علماء اليمن القدماء منهم العلّامة بهاء الدّين الجنديّ السَّكسَكِيّ الكِنديّ المتوفى (٧٣٢هـ) في كتابه (السّلوك في طبقات العلماء والملوك)، قال رَحِمَهُ ٱللَّهُ: «**يُحكىٰ أَن الْملك المظفر قَالَ يَوْمًا لجلسائه أذكر بَيْتَيْن كنت أحفظهما فِي المِعْلامة لَا أذكر مِنْهُمَا غير (حضّني) أَو (حضّنا) وأريدها وَلَو بِمَال.**

(١) عبد الهادي حميتو، حياة الكتّاب وأدبيات المحضرة (مرجع سابق) (١/ ٤٢٠).

(٢) مرتضى الزبيديّ، تاج العروس من جواهر القاموس، (مرجع سابق) (٨/ ٢٣٦).

(٣) بدر الدين الزركشي، إعلام الساجد بأحكام المساجد، ت: أبو الوفا مصطفى المراغي، منشورات لجنة إحياء التراث الإسلامي بوزارة الأوقاف المصرية، القاهرة ١٩٩٦م (ص٢٧).

فَقَالَ لَهُ بعض الْحَاضِرين: يَا مَوْلَانَا هُنَا فَقِيه فَاضل، حصل بِهِ جُنان، يفِيق فِي بعض الأحيان وَيُسْأل عَن مسَائِل فيجيب عَنْهَا، وَلَو أَمر مَوْلَانَا بإحضاره فِي وَقت الصحو فَرُبمَا يجد عِنْده ...إلخ)[1] وأورده كذلك العلّامة الطيّب بامخرمة المتوفّى (٩٤٧هـ) في كتابة: «قلادة النحر في وفيات أعلام الدهر» في ترجمة عمر بن سعيد العقيبي قال: «**يحكىٰ أنه خرج يومًا إلىٰ المِعلامة ومعه كِسرة خبز يأكلها في الطريق وهو سائرٌ، فلقيه شخصٌ حسن الهيئة ، جميل الخلق، وقال له: أنت فقيه وتأكل بالنهار، فاستحيا الفقيه من كلامه، وكان غالب أيام الفقيه الصيام، لا يفطر إلا الأيام المكروهة، ولا يفطر إلا علىٰ ما عرف حلّه**»[2].

ويُستخدَمُ مصطلح المِعلامة كذلك في شمال الصّومال وجيبوتي، بحكم الجوار البحري والتواصل الثقافيّ والتجاريّ مع اليمن، ولكنّهم يقلبون (اللام) مكان (العين) مع فتح الميم، وتحويل التاء المربوطة (دالًا) (مَلْعَامَدْ [3] Malcaamad)

٨- الدُّكْسِي: وهو المصطلح الصوماليّ الذي يقابل (الخلوة أو

---

(١) بهاء الدين محمد بن يوسف بن يعقوب الجندي السَّكسَكي الكِندي، السلوك في طبقات العلماء والملوك، تحقيق محمد بن علي بن حسين الأكوع، مكتبة الإرشاد صنعاء ١٩٩٣م، (١/ ٤٧٦).

(٢) أبو محمد الطيب بن عبد الله با مخرمة الحضرمي الشافعي، قلادة النحر في وفيات أعلام الدهر، دار المنهاج، جدة المملكة العربية السعودية ٢٠٠٨م، (٥/ ٣٤٠).

(٣) تحويل التاء المربوطة (دالا) في الكلمات المُقْتَرَضة من العربية قاعدة عامة في اللغة الصومالية ومن أمثلتها : مكتبة Maktabad، وجامعة Jaamacad ، وسفارة Safaarad ، ووزارة Wasaarad ونحوها.

الكتاتيب). وينضوي تحت لفظة (دكسِي) في الصّوماليّة عدّة معانٍ يحتضنها حقلٌ دلاليٌّ عام هو (التدفّؤ)، وقد تُستخدم اللفظة للدّلالة الحسّيّة، كتدفّؤ الإنسان من ضربات الرياح والبرد[1]، كما تُستحدم للدّلالة المعنويّة كتدفّؤ الإنسان بأخيه وقرينه، إذا لجأ إليه واستعان به في الملمّات. ويقال في الصُّومالية (hebel dugsi ma lahan: فلان ليس له دكسِي) أي: لا يستجار به، إما لبخله، وإما لكونه شخصًا غير نافع للمجتمع.

ولعلّ تسمية الخلوة القرآنية بـ(الدكسي) مأخوذةٌ من المعنى الحسّيّ للكلمة، إذ جرت العادة على بناء الخلوة القرآنية في مكانٍ دافئ، يكون تحت شجرة وارفة الظلال، يتولّى الأهالي بناء عريش حولها؛ ليتحصّن بها المعلّم وتلامذته من الرّياح وضربات الشّمس. وفضلًا عن هذا، فإن الصّوماليين يُضفون على الخلوة القرآنيّة صفة التقديس، إذ يُحرَّم عرفًا استهداف طلّابها ومعلّميها حتى عندما تشتدّ المواجهات بين القبائل، فهي إذن، حصنٌ يَتّقي به روّاده عندما تلتهب نيران الحروب القبلية والثأر. وهذه هي نقطة التّلاقي بين الدّلالتين: الحسّية والمعنوية للفظة (دكسي).

❁ ❁ ❁

(١) صالح حاشي عرب، معجم اللغة الصومالية: مادة dugsi، معهد الأبحاث والدراسات، جيبوتي ٢٠٠٥م.

المبحث الثاني

مكانة الخلوة القرآنيّة في المجتمع الصّوماليّ

تحتلُّ الخلوة القرآنيّة مكانةً مرموقةً في المجتمع الصّوماليّ، وقد ظلَّت على مرّ العصور والأزمان، وعلى مختلف الظّروف الاجتماعيّة والسياسيّة في البلاد صرحًا علميًّا تنبع منه الثقافة الإسلاميّة.

ويشتهر الشعب الصوماليّ بعنايته الكبيرة بحفظ القرآن الكريم، حيث لا يخلو أيّ تجمّع سكّانيّ يتوافر لديه عشرة من الأطفال فأكثر في الحضر والبادية من خلوة للقرآن الكريم. فالخلوة القرآنيّة في الصّومال ليست مجرّد حلقاتٍ لتحفيظ القرآن تُرسِلُ إليها الأسر أبناءَها بعد دوام المدرسة النظاميّةكما هو الحال في كثيرٍ من البلدان العربية والإسلامية؛ وإنما هي ركيزةٌ أساسيّةٌ من التّقاليد الشعبيّة التي يلتزم بها الشّعب من منطلق أنّها من الحقوق الدّينيّة التي تجب على الآباء للأبناء، ويشعر أولياء الأمور بالتّقصير في تربية أولادهم إذا لم يُلحقوهم بالخلاوي القرآنيّة، وبالمقابل تشعر الأسرة بالإنجاز والسّعادة إذا حفظ طفلها القرآن الكريم.

ولعلّ من أبرز ما يُظهر مكانة الخلوة القرآنية لدى المجتمع الصوماليّ التزام البدو الرُّحل بالخلوة القرآنيّة في حلّهم وترحالهم، إذ

تقام الخلوة القرآنية فور حلول المجتمع البدويّ في المكان الجديد ليستأنف الطّلاب دروسهم؛ حتى أصبح سماع أصوات طلّاب الخلوة من المعالم المُمَيِّزة للتجمّع البدويّ الصوماليّ.

أمّا في المدن والحواضر، فيشكّل الالتحاق بالخلوة القرآنية مرحلةً أساسيةً قبل الالتحاق بالتعليم النظاميّ، وذلك للاعتقاد السّائد بأنّ افتتاح الطفل حياته التعليميّة بحفظ القرآن الكريم سيُعزّز تربيته الإيمانيّة، ويحلّ عليه البركة، ويقوّي مهاراته، ويكتب له النجاح في بقيّة مراحل حياته، وهذا يتوافق مع ما نقله ابن خلدون في المقدّمة عن نهج السّابقين من المسلمين في الأمصار المختلفة في تربية أبنائهم قال رَحِمَهُ ٱللَّهُ: «**اعلم أنّ تعليم الولدان للقرآن، شعار الدّين أخذ به أهل الملّة، ودرجُوا عليه في جميع أمصارهم؛ لما يسبق فيه إلىٰ القلوب من رسوخ الإيمان، وعقائده من آيات القرآن، وبعض متون الأحاديث، وصار القرآن أصل التّعليم الّذي يُبنىٰ عليه ما يَحصل بعده من الملكات، وسبب ذلك أنّ التّعليم في الصّغر أشدّ رسوخًا، وهو أصل لما بعده؛ لأنّ السّابق الأوّل للقلوب كالأساس للملكات**»(١).

وعندما اندلعت الحروب الأهليّة وتفرّق الصوماليّون في الأقطار والقارّات لم تتوقّف علاقتهم بالخلوة القرآنيّة، وإنّما اصطحبوها معهم إلى كلّ البلاد التي لجأوا إليها في المشرق والمغرب، فأقاموا خلاوي

---

(١) عبد الرحمن بن خلدون، تاريخ ابن خلدون، دار الفكر ، بيروت ١٩٨١م، (١/ ٧٤٠).

ومراكز لتحفيظ القرآن في جنوب أفريقيا، وزامبيا، وأوغندا، وبريطانيا، والسّويد، والنرويج، وألمانيا، والدنمارك، وفنلندا، والولايات المتّحدة الأمريكيّة، وكندا، وغيرها من البلدان التي وصلوا إليها. وهذا ما انعكس مؤخّرًا في المسابقات الدّوليّة للقرآن الكريم، إذ يتوافد عليها سنويًّا عددٌ من المتسابقين الصُّوماليّين الذين يحملون أعلام البلاد التي اغتربوا إليها، وقد أحرز عددٌ منهم المراكز الأولى في تلك المسابقات في السّنوات الأخيرة، مّما جعل العنصر الصُّومالي ظاهرةً لافتةً للأنظار في المسابقات الدوليّة.

أدوار أخرى للخلوة في المجتمع البدويّ الصوماليّ:

إلى جانب كونها مراكز للتعليم ومحو الأمّيّة ونشر القرآن وعلوم الدّين، تشكّل الخلوة القرآنيّة ملتقًى لأنشطة المجتمع البدويّ الصّوماليّ. ففي البوادي النائية حيث لا يوجد طبيب ولا مستشفيات، تستقبل الخلوة القرآنيّة حالات إصابة ومرض، فهذا يشتكي من ألم في جسده، وذاك يشتكي من لدغ عقرب أو ثعبان، وثالث يشتكي من مسٍّ أو عين ... إلخ.

وفي مواسم الجفاف حين تنقطع الأمطار، تفزع الأهالي إلى الخلوة القرآنيّة ليطلبوا من المعلّم وتلامذته أن يخرجوا للاستسقاء. ومن العادات المشهورة عند الاستسقاء أن يخرج الطلاب رافعين الألواح على رؤوسهم وهم يردّدون قوله تعالى من سورة نوح: ﴿ فَقُلْتُ ٱسْتَغْفِرُوا۟ رَبَّكُمْ إِنَّهُۥ كَانَ غَفَّارًا ﴿١٠﴾ يُرْسِلِ ٱلسَّمَآءَ عَلَيْكُم مِّدْرَارًا ﴾[نوح: ١١]، وربما

تسلّقوا الأشجار مع التوجه إلى الله بالدعاء والتضرّع، ويقرؤون عادة سورتي (هود) و(نوح) فوق الأشجار [١]

احترام معلّم القرآن وطالبه في المجتمع الصوماليّ:

يتمتّع معلّم القرآن باحترام كبيرٍ في المجتمع الصوماليّ، وفي البوادي والقرى تتسابق الأسر إلى تكريم المعلّم وصناعة الطّعام له إذا كان عزبًا لم يتزوّج، ويُرعى له مواشيه، ويُكلَّف بعض الطلّاب بحرث مزرعته وحراستها، هذا فضلًا عن العطايا والهدايا الّتي تأتيه من قبل أولياء أمور الطلبة، تبرّكًا بحفظه لكتاب الله، وابتغاءً لرضاه عن الطّفل ودعائه له. ويعتبر دعاء المعلّم للطفل ورضاه عنه في الثقافة الصومالية أمرًا

---

(١) ذكر ابن سحنون رَحِمَهُ ٱللَّهُ في رسالة في آداب المعلّمين جواز إخراج أطفال الخلاوي للاستسقاء بهم، قياسًا على ما روي من أنّ قوم يونس عَلَيْهِ ٱلسَّلَامُ خرجوا بنسائهم وصبيانهم لـمّا عاينوا العذاب، قال رَحِمَهُ ٱللَّهُ (وإذا أجذب الناس واستسقى بهم الإمام، فأحبّ للمعلّم أن يخرج بهم من يعرف الصلاة منهم، وليبتهلوا إلى الله بالدعاء، ويرغبوا إليه، فإنه بلغني أنّ قوم يونس -صلّى الله على نبيّنا وعليه- لما عاينوا العذاب خرجوا بصبيانهم، فتضرّعوا إلى الله بهم)، رسالة آداب المعلّمين لابن سحنون، ضمن كتاب الجامع في كتب آداب المعلّمين، جمع وترتيب: عادل بن عبد الله آل حمدان، جدّة المملكة العربية السعوديّة ٢٠٠٩م: (ص١٢٣). وورد في بعض كتب التفسير ذكر خروج قوم يونس بصبيانهم ونسائهم ومواشيهم مبالغة في التضرّع والتوبة، راجع: القرطبي، تفسير القرطبي (الجامع لأحكام القرآن)، ت: أحمد البردوني، وإبراهيم أطفيش، دار الكتب المصريّة، القاهرة ١٩٦٤م: (٨/ ٣٨٤)، وأبو القاسم الكرماني، لباب التفسير، ت: مجموعة من الباحثين في مرحلة الدكتوراه في جامعة الإمام محمّد بن سعود الإسلامية، الرياض المملكة العربية السعوديّة (د.ت)، (ص٧١٣).

أساسيًا في نجاح الطّفل في التعليم، وحفظ القرآن، وفي مستقبله كلّه[(١)].

ومن صور احترام المعلّم أنّ الأطفال لا ينادونه في بعض المناطق (يا معلم) وإنما ينادونه (آبو Aabo) ومعناها يا (يا أبي) احترامًا وتوقيرًا له. أمّا وليّ أمر الطالب فعليه احترام المعلّم وتبجيله إذا أراد أن ينتفع طفله بما يتعلّم منه، ولهذا يُحرَّم على وليّ أمر الطالب أن يعترض على عقاب المعلّم للطفل ولو كان مُبرحًا؛ وذلك لإيمانهم بأنّ اعتراضه قد يتسبّب في أن يحمل المعلّم للطفل شيئًا في قلبه، فيؤثّر ذلك في تحصيله وحفظه للقرآن، بل في مستقبل أيّامه.

ويتمتّع تلامذة الخلوة كذلك باحترام كبير لدى المجتمع، ومن مظاهر توقيرهم أن الناس يطلبون منهم الدّعاء وقراءة القرآن في الملمّات، وبالمقابل يتحاشى الناس الإساءة لتلميذ الخلوة؛ للاعتقاد السّائد بأنّ دعاءه لا يردّ.

❁ ❁ ❁

(١) محمد علي عبد الكريم وآخرون، تاريخ التعليم في الصومال، مقديشو ١٩٧٨م، (ص١٣)، ومحمد حسين معلم، الثقافة العربية وروّادها في الصومال (دراسة تاريخية حضارية) ، دار الفكر العربي، القاهرة ٢٠١١م، (ص٢٣٥).

المبحث الثالث
أنماط خلاوي القرآن الكريم في الصُّومال

بعد التأمّل في أنظمة التعليم في خلاوي القرآن الكريم في الصّومال، يظهر أنّ هناك خمسة أنماط تندرج تحتها أغلب مراكز تحفيظ القرآن الكريم في المنطقة الصوماليّة.

ونحاول في الفقرات الآتية أن نقدّم عرضًا موجزًا عن كلّ نمط منها، وذلك بالتركيز على أنظمة التعليم، وأدواته، ومجالات التركيز. والهدف من هذا العرض إعطاء القارئ خلفية عامّة عن ميدان تحفيظ القرآن الكريم في الصُّومال، والتعريف بالإنجازات في ميدان الخلاوي القرآنيّة لتداولها والإفادة منها، عسى الله أن ينفع بها الإسلام والمسلمين.

أولاً: الخلاوي التقليدية (الدُّكْسِي):

ينتشر هذا النَّمط من الخلاوي القرآنيّة في البوادي والقرى والمدن الصّغيرة والمتوسّطة، مع حضور أقلّ في الحواضر والمدن الكبيرة. ويُطلق عليه في التداول المحلّي (الدُّكْسِي) لتمييزه عن المراكز الحديثة التي يطلق عليها (مراكز تحفيظ القرآن الكريم، أو المدارس القرآنية، أو دور القرآن) كما سيأتي تفصيله.

أدبيّات الخلوة التقليديّة الصوماليّة (الدُّكْسِي)[١].

١- تأسيس الخلوة واختيار المعلم في البوادي الصوماليّة:

ينشأ التفكير بتأسيس الخلوة القرآنيّة في التجمّعات البدويّة الصوماليّة غالبًا عندما يتوافر لدى الأسر المتجاورة عشرة من الأطفال فأكثر، ويأخذ حينئذٍ أحد شيوخ الأسر المتجاورة الرّاحلة والزّاد اللّازم للبحث عن مدرّسٍ شابٍ متفرّغ يتولّى تعليم الصّغار وتحفيظهم. وفي مثل هذه الحالة يتوجّه الباحث عن المدرّس تلقاء الحلقات العلميّة والمناطق المشهورة بحفظ القرآن، إذا لم يتيّسر له الحصول على معلّم في المناطق والقرى القريبة[٢].

وبعد الحصول على المعلّم يُسلّم إليه الأطفال بعد تجهيز أدوات التعليم لهم، ودفع الشاة البكر للمعلّم[٣]، وهي بمثابة رسوم التسجيل، وتسمّى تلك الشاة التي تدفع للمعلّم عند انضمام الطفل إلى الخلوة في المصطلح الصومالي (فطيسن fadhiisin) ومعناه التقعيد، لأنّ

(١) جمع الباحث بيانات الخلوة التقليدية الصومالية من خبرته الشخصيّة، ومن خلال مقابلات أجراها مع عدد من معلّمي القرآن الكريم، ومديري المراكز القرآنية، ومسؤولي الروابط القرآنية في المنطقة الصومالية (راجع قائمة الأسماء في المصادر والمراجع في نهاية الكتاب).

(٢) من المناطق التي اشتهرت بحفظ القرآن الكريم في الصّومال محافظتا «بَايْ و بَكُول» اللتان تقطنهما قبائل (الرَّحَنْوَين) ، وكانت تلك المناطق في السّابق القبلة التي يتوجّه إليها طلّاب حفظ القرآن، أمّا في الوقت الحاضر فقد انتشر حفظ القرآن ومدارس التحفيظ في كل المحافظات والمدن والقرى.

(٣) محمد علي عبد الكريم وآخرون، تاريخ التعليم في الصّومال، (مرجع سابق) (ص١٢-١٣).

الطّالب يقعد في الخلوة بعد دفعها، ويعتبر مسجلًا فيها. وتقدّم الشّاة للمعلّم للنظر إليها، وتمييزها عن الأغنام الأخرى، وترعى الشاة بعد ذلك في غنم ولي أمر الطالب(١)

٢- الرحلة لطلب القرآن:

من العادات المشهورة في البوادي الصّوماليّة -خاصّة في تلك الفترات التي كان التعليم فيه محدودًا -الرحلة لطلب القرآن، ويكون ذلك بهجرة الشباب إلى المناطق المعروفة بحفظ القرآن للتفرّغ لحفظ القرآن وإتقانه. ويكون الـمُرتحلون لطلب القرآن غالبًا من فئة الشّباب أو من الأطفال المميّزين، ممّن يقوى على تحمّل المتاعب والمشاق في طريق الطلب؛ لا سيّما أنّهم كانوا يذهبون إلى الرّحلة لطلب القرآن مشيًا على الأقدام لمسافات طويلة، فضلًا عن أنّهم كانوا لا يمتلكون رعايةً أو دعمًا من أيّ طرفٍ. أمّا معيشتهم اليومية فتكون على الأسر المجاورة للخلوة(٢) حيثُ تتقاسم الأسر الطلبة الوافدين، فتكفل كلّ أسرة طالبًا أو طالبين حسب إمكاناتها، فتَبعث له الوجبات اليوميّة، ويكون بذلك ابنًا من أبنائها. وهذه من أجمل صور التّكافل الاجتماعيّ الذي يشتهر بها الشعب الصومالي.

---

(١) حلي حلني، الدكسِ وحفظ الإسلام في الصومال، شبكة إسلام اون لاين قسم الثقافة والفن ٣ ديسمبر ٢٠٠٣.

(٢) محمد علي عبد الكريم وآخرون، تاريخ التعليم في الصومال، (مرجع سابق) (ص٢٠).

٣- بيئة الخلوة التقليدية:

أمّا البيئة التعليميّة في الخلوة التقليديّة، خاصّة في البوادي والأرياف، فهي متواضعة، وتتكوّن غالبًا من عريش بسيطٍ. ويُوضع للمعلّم حصيرٌ مزركشٌ خاصٌّ به في وسط الحلقة، ومِقعدة محلّية الصّنع؛ ليجلس عليها عند إملاء الدروس. أمّا الطلّاب فيفترشون التراب ، حيث لا يوجد سجّاد.

وللجلوس على التراب والرّمل في أيّام الخلوة ذكريات لا تُنسى عند من درسوا بها، وترعرعوا في ساحتها، حيث يفترش الأطفال التراب، ويلعبون بالرّمل، ويرسمون عليه بأصابعهم.

وللدكتور أحمد علي الإمام (رحمه الله) في ذلك مقطوعةٌ شعرية جميلةٌ في ذكرياته عن الخلوة السودانيّة في كتابه (**الخلوة والعودة الحلوة**) ، قال فيها:

كَم على الأرضِ جلسنَا..
وافترشنا للتراب ..
وعلى الرّمل كتبنا بالأنامل
وارتقينا فاصطنعنا
كلَّ شيءٍ بيدينا
من دواة وقلم
ثمّ ألواح خشب

واحتطبنا واستقينا

ونقلنا الماء في أكتافنا

يملأ الخاطرَ تعظيمُ الكتاب

ثمّ إجلالٌ لشيخ ذي وقار ..

زاهدٍ في زخرف الدنيا..

مضيءٍ كالشهاب(١)

٤- أدوات التعليم:

يستخدم في الخلاوي التقليدية الوسائل التعليمية التقليدية وهي:

أ. **اللّوح**: ويطلب عادةً من بعض الصنعة المتخصصين في صناعته من أهل البادية. وتُجهّزُ الأسر غالبًا لأطفالها عند تسجيلهم في الخلوة القرآنية عددًا من الألواح، ليستخدم بعضها في نسخ الدرس الجديد، وبعضها في كتابة دروس المراجعة، وبعضها في الإملاء وتقوية الكتابة.

ويُدلّك الطلاب على ألواحهم أوراق أشجار مخصوصة على شكل سطورٍ منظمة، ليتمّ نسخ الآيات عليها. وتخضع عدد تلك الأسطر لمقدرة الطالب في الحفظ، فيلزمه أن يباعد بينها إذا كان مبتدئًا أو بطيئًا في الحفظ، بينما يُسمح لقويّ الحفظ أن يقارب بينها ليزيد الصّفحات أو الآيات التي ينسخها للحفظ الجديد.

---

(١) أحمد علي الإمام، الخلوة والعودة الحلوة (ص٢٢)

أما غَسْل اللَّوح فله رسمياته وقداسته، فلا يُغسل في كلّ مكان، وإنّما يُتّخذ له مكانٌ خاصٌ بعيدٌ عن قارعة الطريق لئلّا تطأها أقدام المارّة. ويطلق على هذا المكان في بعض المناطق (دِين Diin)، إشارة إلى حرمته، وقد يُغسل اللّوح في وعاءٍ ثم يُشرب منه التماسًا للشّفاء والبركة، خاصّةً لمن يعانون من ضعف الحفظ والفهم[1].

ومن الطريف أن ابن سحنون رَحِمَهُ ٱللَّهُ (٢٠٢-٢٥٦هـ) ذكر في رسالته المسمّاة بـ «آداب المعلّمين» أنّ كتاتيب القرآن الكريم في عهد الصّحابة كان لها أماكن مخصّصة لغَسل الألواح، وأنّهم كانوا يسمّونها بالإجّانة (بكسر الهمزة وتشديد الجيم المعجمة) ، قال رَحِمَهُ ٱللَّهُ: «.... **قيل لأنس كيف كان المؤدبون في عهد الأئمة: أبو بكر وعمر وعثمان وعلي رَضِيَ ٱللَّهُ عَنْهُمْ؟ قال أنس: كان المؤدّب له إجّانة، وكلّ صبيّ يأتي كل يوم بنوبته ماءً طاهرًا فيصبّونه فيها، فيمحونه به ألواحهم، قال أنس : ثم يحفرون حفرة في الأرض، فيصبُّون ذلك الماء فيها فينشف**»[2].

ب. **القلم**: ويصنع من عيدان الأشجار الرّقيقة، ويتولّى الأطفال عادةً بَريَ أقلامهم من عيدان الأشجار اللطيفة، ويتحكّم الطّالب في

---

(١) وهذا معهود أيضًا في المحاضر الموريتانية، حيث تُمحى الألواح بماء الزّعفران، فيشرب هذا الماء التماسًا للبركة، راجع الخلوة والعودة الحلوة، أحمد علي الإمام (ص٢١)

(٢) محمد بن سحنون، آداب المعلمين، ت: محمود عبد المولى، الشركة الوطنية للنشر والتوزيع الجزائر ١٩٨١م، (ص٧٥).

حجم قلمه طبقًا لعدد الأسطر المسموح له نسخها، فيجعله عريضًا إذا كان مبتدئًا لينسخ عددًا قليلًا من الأسطر، ويجعله دقيقًا إذا كان متقدمًا ليزيد عدد الأسطر التي ينسخها للدرس الواحد.

جـ. المداد: ويسمّى في المصطلح المحليّ (خد Khad) أو (أنقاس[1] Anqaas) ويُصنع غالبًا من الفحم وصمغ بعض الأشجار. ويراقب المعلّم عند استملاء الطّلاب الحفظ الجديد نوعية الحبر الذي يستخدمونه لنسخ القرآن؛ لأنّ هناك أنواعًا من الحبر يمنع استخدامها، خاصّة تلك التي تفتقر إلى بعض المواد الأساسيّة كالصمغ.

٥- نظام الدّراسة:

يُقسّم الطلاب في الخلوة التقليدية من حيث الانتظام وعدمه إلى صنفين:

الصنف الأول: المتفرّغون: ويطلق على هذا الصنف من الطلاب

---

(١) أنقاس: لفظ عربي استخدم في الشعر العربي، كما في قول جرير في عجز بيت في الهجاء «**مثل الدوا مسّها الأَنْقَاسُ واللِّيَقُ**» ديوان جرير: شرح: محمّد بن حبيب، ت: نعمان محمّد أمين طه، دار المعارف، القاهرة، الطبعة الثالثة، ١٩٨٦م، (ص١٩٣). ومفرد أَنْقَاس النَّقْسُ: وهو الحبر الذي يكتب به، قال زهير بن مسعود الضبّي:

عَفَتِ المَنَازِلُ، غَيْرَ مِثْلِ الأَنْقُسِ   بَعْدَ الزَّمَانِ، عَرَفْتُهُ، بِالقَرْطَسِ

حسن بن عيسى أبو ياسين، شعر ضبة وأخبارها في الجاهلية والإسلام، جامعة الملك سعود الرياض ١٩٩٥، (ص١٠٤).

راجع كذلك: المنصة الإلكترونية لمعجم الدوحة التاريخي للغة العربية، مادة (نَقْس)
https://www.dohadictionary.org/dictionary

في بعض المناطق (فطيسن Fadhiisin) ومعناه (التقعيد) إشارة إلى أنهم يُفرَّغون للجلوس لطلب القرآن، وتُخفّف عنهم عادةً أعباء الرّعي والسّقي والحرث وغيرها من الأعمال.

ويحضر هذا الصّنف من الطلّاب إلى الخلوة مبكّرًا قبل صلاة الفجر، ويؤدّون صلاة الفجر مع المعلّم، وبعدها يبدأ عرض الدروس على المعلّم واحدًا تلو الآخر، حتى إذا ارتفعت الشمس وانتهى أغلبهم من تسميع الدّرس السّابق، يؤذن لهم بالذهاب إلى منازلهم لتناول الفطور، ثم يعودون للمراجعة والتدرّب على الكتابة في ألواحها المخصَّصة في وقت الضّحى إلى قبيل الظهر، وبعدها يذهبون إلى استراحة الغداء، ويرجعون إلى الخلوة مرة أخرى بعد الغداء، ويظلّون فيها حتى قبيل المغرب، ثم ينصرفون لجمع الحطب الذي توقد به النار في الليل للإضاءة. وبعد المغرب توقد النار فيجلس الطلبة في حلقة دائرية حول النار الذي توقد في مكان مخصّص لها في فناء الخلوة، فيَشرعون في حفظ ومراجعة درس الغد. وبعد العشاء ينطلق الأطفال الصغار إلى منازلهم، أمّا الأطفال الكبار والخاتمون فيجلسون في جلسة المراجعة الجماعيّة (السُّبّع)[1] ويَنصرفون إلى بيوتهم بعد الفراغ

(١) ذكر الطيب محمد الطيب في كتابه (المسيد) عند حديثه عن أوقات الدّوام في الخلوة السودانية والمهام التي يقوم بها الطلاب ما يتطابق مع هذا النظام تمامًا، ممّا يقوّي وجود علاقة تاريخية بين الخلوة الصومالية والخلوة السودانية، راجع: الطيب محمد الطيب، المسيد (مرجع سابق) (ص١٠١).

من (السّبع). وبهذا يَقضي هذا الصنف من الطلاب أغلب ساعات يومهم في الخلوة.

الصنف الثاني: غير المتفرغين: ويطلق عليهم في المصطلح الصّومالي (لوح جيد / Loox Jiid) وهم الطّلاب الذين يدرسون القرآن بشكل غير منتظم، ويحضرون إلى الخلوة غالبا في فترتين: الفترة الأولى الفترة الصباحية وتبدأ قبيل صلاة الفجر أو بعدها مباشرة إلى أن ترتفع الشمس قليلا، ثم يذهبون بعدها لمهامهم كالرعي والحراسة والحرث ونحوها. والفترة الثانية من بعد صلاة المغرب إلى بعد صلاة العشاء.

وكثيراً ما ينقطع هذا الصنف من الطّلاب عن الدّراسة في مواسم الجفاف، حيث يرتحلون مع قطيع الماشية وراء منابت العشب ومساقط المطر، حتى إذا أتى موسم الرّخاء، وهطلت الأمطار، رجعوا إلى الخلوة واستأنفوا دروسهم من جديد.

ويخضع تسجيل الطفل في أحد هذين النظامين إلى حالة العائلة الماديّة، ومدى قدرتها على تحمّل أعباء التفرّغ الدّراسي، ومدى قدرتها على الاستغناء عن مشاركة الطفل في الرّعي والحرث والسقي والزراعة ونحوها من مهام المجتمع البدويّ. وقد تُضطرّ الأسر إلى تسجيل بعض الأبناء في نظام التفرّغ، والبعض الآخر في نظام الدّوام الجزئيّ تبعًا لإمكاناتها.

٦- طرق التّدريس وأساليبه في الخلوة التقليديّة (الدكسي):

أ. تعليم القراءة والكتابة:

تقوم طريقة تعليم القراءة والكتابة في الخلاوي التقليدية (الدّكْسِي) بالطريقة الجزئيّة في تعليم القراءة والكتابة، وهي الطريقة القائمة على تعليم الأحرف، ثم التّدريب عليها مع الحركات القصيرة، فالطّويلة، فالسّكون، إلى آخر أبواب القراءة والكتابة. ثم يتطوّر الطّفل إلى تكوين الكلمات من الحروف والحركات التي تعلّمها وهكذا.

وتتبع الخلوة التقليديّة في تعليم القراءة والكتابة القاعدة الصّومالية، ويُطلق عليها القاعدة الكونينيّة[١] نسبة للشيخ يوسف الكونين الذي يعزا إليه ابتكار هذه القاعدة[٢].

ويقوم تعليم الأطفال من خلالها بأن ينسخ المعلّم الدّرس على اللّوح ويطلب من الطّالب نسخه عدّة مراتٍ، وحفظها عن ظهر الغيب، وبعد ذلك ينتقل إلى الدرس الذي يليه، وهكذا، حتى يصل إلى نهاية دروس القراءة والكتابة. وبعد ذلك يُنسخ له على اللّوح ألفاظ الترتيب الأبجدي للحروف

---

(١) بدر الدين طيب عبد الصمد، القاعدة الكونينيّة، مقديشو الصومال ٢٠٢١م. وانظر أيضا: بدر الدين طيب عبد الصمد صفحات من تاريخ الرحالة الشيخ يوسف الكونين، مقديشو الصومال ٢٠٢١م، (ص١).

(٢) تذكر الروايات الشفويّة أنّ الشّيخ يوسف الكونين، ويطلق عليه في المناطق الجنوبية (أو برخدلي) هو من ابتكر طريقة تهجّي الحروف باللغة الصومالية، وليس هناك معلومات تاريخية كافية عن الشيخ، وأسرته، وتاريخه، إلا أنّ الروايات الشفويّة تواترت على أنّه كان عالمًا كبيرًا كان له أثرٌ في نشر الدّين في منطقة القرن الأفريقي.

(أَبْجَدْ هَوَّزْ حُطِّي كَلَمُنْ سَعْفُصْ قُرشت ثخذ ضظغ)، ثم يبدأ الاستعاذة والبسملة، ثم يشرع في دراسة القرآن الكريم بداية من الفاتحة ثم سورة الناس وما بعدها من قصار السّور حتى يختم القرآن.

ب. خطة الحفظ الجديد:

أمّا بالنّسبة للأسلوب المتّبع في حفظ الدرس الجديد، ويطلق عليه في المصطلح المحّلي (عَشَرْ)[1] فيكون بنسخه على اللّوح من إملاء المعلّم، حتى إذا فرغ الطلّاب من نسخ الدّرس استدعاهم المعلّم واحدًا واحدًا ليتأكّد من صحة ما كتبوه[2]، ثم يشرع الطلّاب في حفظ الدرس، ويُفضّل أن يَحفظ الطّالب الدّرس قبل أن يجفّ اللّوح؛ للاعتقاد السّائد

---

(١) ذكر الشيخ أحمد حاج قاسم (حفظه الله) أنّ لفظة (عَشَرْ) في الصومالية، قد تكون مأخوذة ممّا كان معهودًا من لدن الصحابة رضوان الله عليهم من تحديد الدرس الجديد بعشر آيات كما روي عن ابن مسعود رضي الله عنه أنه قال: «**كَانَ الرَّجُلُ مِنَّا إِذَا تَعَلَّمَ عَشْرَ آيَاتٍ، لَمْ يُجَاوِزْهُنَّ حَتَّى يَعْرِفَ مَعَانِيَهُنَّ وَالْعَمَلَ بِهِنَّ**» تفسير الطبري(جامع البيان عن تأويل آي القرآن) ت: عبد الله بن عبد المحسن التركي، دار هجر للطباعة والنشر والتوزيع (٢٠٠١: ١/ ٧٤). وروي عن أبي عبد الرحمن السلميّ أنه قال: **حَدَّثَنَا مَنْ كَانَ يُقْرِئُنَا مِنْ أَصْحَابِ النَّبِيِّ ﷺ، أَنَّهُمْ كَانُوا «يَقْتَرِئُونَ مِنْ رَسُولِ اللهِ ﷺ عَشْرَ آيَاتٍ»، فَلَا يَأْخُذُونَ فِي الْعَشْرِ الْأُخْرَىٰ حَتَّىٰ يَعْلَمُوا مَا فِي هَذِهِ مِنَ الْعِلْمِ وَالْعَمَلِ، قَالُوا :فَعَلِمْنَا الْعِلْمَ وَالْعَمَلَ**) (رواه أحمد في مسنده برقم (٢٣٤٨٢). وممّا يقوّي ذلك أنّ استخدام مصطلح (عشر) للدرس الواحد من القرآن مألوفٌ في تركيا أيضًا، وقفت على ذلك أثناء زيارتي لإسطنبول في ربيع عام ١٤٤٥هـ ، حيث طلب منا أحد المقرئين زيارة منزله لقراءة عَشَرٍ من القرآن بالقراءات، وقال معلّقًا " نحن نقول للمقطع الوحد أو للدرس الواحد من القرآن (عشر)" .

(٢) محمد علي عبد الكريم وآخرون، تاريخ التعليم في الصومال (مرجع سابق) (ص١٦).

بأن الدّرس لا يُحفظ جيّدًا بعد أن يجفّ اللّوح، ثم يعرض الطّالب الدّرس على المعلّم غيبًا، فإذا اجتاز، سُمح له أن يغسل اللّوح استعدادًا للدرس الجديد، ويسير على هذا حتى يختم القرآن كتابة على اللّوح. وقد يُطلب منه إعادة الختمة مرّتين أو ثلاثة إذا لم يطمئنّ المعلّم إلى حفظه. وتسمى إعادة الختمة في المصطلح الصّومالي (نَخْتِين Nakhtiin).

أما الرّواية المتّبعة في حفظ القرآن في الخلوة التقليديّة الصوماليّة فقد كانت رواية الدّوري عن أبي عمرو بن العلاء البصريّ(رحمه الله)؛ إلا أنّها تراجعت في العقدين الأخيرين بعد انتشار المصاحف المطبوعة برواية حفص عن عاصم، مما أدّى إلى تحوّل أغلب الخلاوي إليها تدريجيًا، لاسيّما في المدن، أما في البوادي والأرياف فلا زالت رواية (الدّوري) تحتفظ بمكانة تفوق -ربّما- على رواية حفص.

ج. المراجعة:

للمراجعة في الخلوة التقليديّة نمطان أساسيان هما:

١- **السُّبَعْ**: بضمّ السّين وفتح الباء، والأصل فيها ضمّ الباء (السُبُع)، وهي الطريقة الجماعيّة لمراجعة القرآن التي تشتهر بها الخلوة الصّوماليّة، وتكون بأن يجتمع الحفّاظ في حلقة فيقرأ الأوّل آيةً، ثم يقرأ الذي يليه الآية التي تليها وهكذا حتى ينتهوا من القدر المحدّد. وتعود هذه التّسمية إلى ما كان سائدًا في خلاوي القرآن في الصومال من قراءة

القرآن في سبعة أيّام، ويسمَّى كلّ جزءٍ من هذه الأجزاء السبعة باسم أحد أيّام الأسبوع وهي تنازليًّا على النحو الآتي:

- سُبَع الجمعة: وهو من بداية المصحف إلى رأس ستين من سورة النساء ﴿... يَصُدُّونَ عَنكَ صُدُودًا ﴾.
- سُبَع السبت: ويبدأ من قوله: ﴿ فَكَيْفَ إِذَآ أَصَٰبَتْهُم مُّصِيبَةٌۢ بِمَا قَدَّمَتْ أَيْدِيهِمْ ثُمَّ جَآءُوكَ يَحْلِفُونَ بِٱللَّهِ إِنْ أَرَدْنَآ إِلَّآ إِحْسَٰنًا وَتَوْفِيقًا ﴾ [النساء:٦٢].
- سُبَع الأحد: ويبدأ من قوله: ﴿وَإِذْ نَتَقْنَا ٱلْجَبَلَ فَوْقَهُمْ كَأَنَّهُۥ ظُلَّةٌ وَظَنُّوٓا۟ أَنَّهُۥ وَاقِعٌۢ بِهِمْ... ﴾[الأعراف:١٧١].
- سُبَع الاثنين: ويبدأ من قوله: ﴿ وَمَثَلُ كَلِمَةٍ خَبِيثَةٍ كَشَجَرَةٍ خَبِيثَةٍ ٱجْتُثَّتْ مِن فَوْقِ ٱلْأَرْضِ مَا لَهَا مِن قَرَارٍ ﴾ [إبراهيم: ٢٨].
- سُبَع الثلاثاء: ويبدأ من قوله: ﴿ نُسَارِعُ لَهُمْ فِى ٱلْخَيْرَٰتِ ۚ بَل لَّا يَشْعُرُونَ ﴾ [المؤمنون: ٥٧].
- سُبَع الأربعاء: ويبدأ من قوله: ﴿ وَلَقَدْ صَدَّقَ عَلَيْهِمْ إِبْلِيسُ ظَنَّهُۥ ﴾[سبأ: ٢٠]
- سُبَع الخميس: ويبدأ من أوّل (الحجرات) وينتهي بـ(النّاس).

ومن الطّريف أن ابن الجوزي رَحِمَهُ ٱللَّهُ ذكر في كتابه (فنون الأفنان في عيون علوم القرآن) هذا النّوع من تحزيب القرآن، قال رَحِمَهُ ٱللَّهُ: «وأما الأسباع فالأوّل: رأس إحدى وستين من سورة النساء ﴿صُدُودًا ﴾، والثاني: رأس مائة وسبعين من الأعراف ﴿أَجْرَ ٱلْمُصْلِحِينَ ﴾، والثالث: رأس خمسٍ وعشرين من إبراهيم ﴿لَعَلَّهُمْ يَتَذَكَّرُونَ ﴾، والرابع: رأس خمسٍ وخمسين من المؤمنين: ﴿مِن مَّالٍ وَبَنِينَ ﴾، والخامس: رأس

عشرين من سبأ ﴿مِنَ ٱلْمُؤْمِنِينَ﴾ والسادس: خاتمة الفتح، والسَّابع: آخر القرآن»[١] وهي مطابقة للأسباع في الخلوة الصّوماليّة على ما بيّنّاه، وهذا يدلّ على أنّ الخلوة الصّومالية ورثت (السُّبُع) من أنظمة مراجعة القرآن وحفظه عند المسلمين.

وممّن روي عنهم تحزيب القرآن على سبعة أيّام من السّلف، الإمام أحمد بن حنبل رَحِمَهُ ٱللَّهُ قال عنه نجله عبد الله بن أحمد بن حنبل: «كانَ أَبِي يَخْتِمُ الْقُرْآنَ فِي النَّهَارِ فِي كُلِّ سَبْعَةٍ، يَقْرَأُ فِي كُلِّ يَوْمٍ سُبُعًا»[٢].

والأصل في تحزيب الورد القرآنيّ على سبعة أجزاء حديث عبد الله بن عمرو بن العاص رَضِيَ ٱللَّهُ عَنْهُ أنّ النبي ﷺ قال له: «... **اقْرَأْ الْقُرْآنَ فِي كُلِّ شَهْرٍ، قَالَ: قُلْتُ: يَا نَبِيَّ اللهِ! إِنِّي أُطِيقُ أَفْضَلَ مِنْ ذَلِكَ. قَالَ: فَاقْرَأْهُ فِي كُلِّ عِشْرِينَ. قَالَ: قُلْتُ: يَا نَبِيَّ اللهِ! إِنِّي أُطِيقُ أَفْضَلَ مِنْ ذَلِكَ. قَالَ: فَاقْرَأْهُ فِي كُلِّ عَشْرٍ. قَالَ: قُلْتُ: يَا نَبِيَّ اللهِ! إِنِّي أُطِيقُ أكثر مِنْ ذَلِكَ. قَالَ: فَاقْرَأْهُ فِي كُلِّ سَبْعٍ، وَلَا تَزِدْ عَلَىٰ ذَلِكَ**»[٣].

وتجدر الإشارة إلى أنّ نظام (السّبع) معهودٌ أيضًا في الخلوة

---

(١) ابن الجوزي، فنون الأفنان في عيون علوم القرآن، دار البشائر الإسلامية ١٩٨٧م، (ص٢٥٦).

(٢) هكذا ورد في بعض النسخ (سُبُعًا) بضم الباء، انظر: ابن قدامة، المغني، ت: طه الزيني وآخرون، مكتبة القاهرة، القاهرة ١٩٦٨م، (٢/ ١٢٧)، وراجع كذلك: أبو نعيم الأصفهاني، حلية الأولياء وطبقات الأصفياء، مطبعة دار السعادة، مصر ١٩٧٤م، (٩/ ١٨١).

(٣) رواه مسلم برقم (١١٥٩).

السُّودانية وبنفس الترتيبات، باستثناء بدايات الأسباع ونهاياتها[(١)]، ويُطلقون على هذا النّوع من المراجعة نفس المصطلح (السّبع)، ذكر ذلك الطّيّب محمد الطّيّب في كتابه (المسيد)، قال في صدد حديثه عن آخر حصّة في نهاية اليوم الدراسي في الخلوة السودانية: «... **المغربة[(٢)] للتّسميع، ويسمع سيدنا حفظ حِيرانه[(٣)] وتسمّىٰ (العرضة) أو التّسميع .... وبعد العرضةِ[(٤)] ينصرف صغار الحِيران ويبقىٰ أهل الدراسة، وهم**

---

(١) يقوم (السّبع) في الخلوة السّودانية على التّحزيب على ستة أيّام على النحو الآتي: السبع الأول: من أول البقرة إلى قوله ﴿فَمَا لَكُمْ فِي ٱلْمُنَٰفِقِينَ فِئَتَيْنِ﴾ [النساء: ٨٨]، والثاني إلى قوله: ﴿كَمَآ أَخْرَجَكَ رَبُّكَ مِنۢ بَيْتِكَ بِٱلْحَقِّ﴾ [الأنفال: ٥]، والثالث إلى قوله: ﴿رُّبَمَا يَوَدُّ ٱلَّذِينَ كَفَرُوا۟ لَوْ كَانُوا۟ مُسْلِمِينَ﴾، والرابع إلى قوله: ﴿قُلْ مَن يَرْزُقُكُم مِّنَ ٱلسَّمَٰوَٰتِ وَٱلْأَرْضِ﴾ [سبأ: ٢٤]، والخامس إلى قوله: ﴿قَالَتِ ٱلْأَعْرَابُ ءَامَنَّا﴾ [الحجرات: ١٤]، والسّادس إلى نهاية القرآن. انظر: الطّيّب محمد الطّيّب، المسيد (ص١٠٣-١٠٤).

(٢) وهي بعد المغرب إلى العشاء.

(٣) الحِيران (بكسر الحاء) طلاب الخلوة، كما أشار إليه الطّيّب محمد الطّيّب في قوله (... والحُوَار في السّودان يُطلق على الطالب الذي يتعلَم القرآن، والرأي عندنا أن السّبب في تسميته بهذا الاسم أن الحُوار في الأصل ولد الناقة، ولا يزال حُوارًا حتى يفصل، فإذا فصل عن أمه فهو (فصيل)، وقد شبّه التلميذ الذي يتبع أستاذه ويتلقى عنه العلم والإرشاد لأنه لم يفصل عنه بعد...الخ) الطّيّب محمد الطّيّب، المسيد (ص٨٢)، وهذه أيضا من أوجه الشبه بين الخلوة الصومالية والخلوة السودانية التي تستحق أن تفرد بأبحاث خاصة، ففي الصومالية يطلق على طالب العلم (حرِوْ Xerow) والجمع (حِرْ Xer). ويقال أن لفظة (حِرو) أو (الحُوَار) أصلها الحواريّ: الناصر، كما قال تعالى: ﴿فَلَمَّآ أَحَسَّ عِيسَىٰ مِنْهُمُ ٱلْكُفْرَ قَالَ مَنْ أَنصَارِىٓ إِلَى ٱللَّهِ ۖ قَالَ ٱلْحَوَارِيُّونَ نَحْنُ أَنصَارُ ٱللَّهِ ءَامَنَّا بِٱللَّهِ وَٱشْهَدْ بِأَنَّا مُسْلِمُونَ﴾[آل عمران:٥٢].

(٤) وهي عرضة الدرس التي يعرضها طلاب الخلوة بعد المغرب.

كبار الحيران، فيقرأ هؤلاء السّبع وهو سُبع القرآن، والغالب أنهم يقرؤون ستةَ أجزاء أو خمسة وكلّها تسمّىٰ (السُّبَع)[1]

أمّا عن ترتيبات جلسة (السُّبَع) في الخلوة الصّوماليّة فتكون بأن يتحلّق الطّلاب حول المعلم الذي يجلس عادة على الحصير البلديّ المزركش، بينما يفترش الطلاب التّراب حول المعلّم، وتبدأ الجلسة ببعض الأدعية يقرؤها أندى الطلاب صوتاً، ومن أشهرها هذا الدّعاء المقتطع من بعض الآيات والأدعية: «**ربّ لا تذرني فرداً وأنت خير الوارثين، إنه كلام الرحمن في الدارين آمنين، سهّل لنا ما نريد، ونجنا مما نخاف، برحمتك يا لطيف، في الدارين آمنين**» ثم يقرأ الاستعاذة والبسملة، ويبدأ القراءة من المكان الذي يحدّده المعلّم، ويقرأ آية ثم يقرأ الذي يليه الآية التي بعدها، وهكذا حتى ينتهوا من القدر المقرّر لتلك اللّيلة.

ومن الرّسميّات التي كانت مشهورة في جلسات (السُّبع) في الخلاوي التقليديّة ما يسمّى في المصطلح الصومالي (هورس Hooris) وهو الأداء الجماعيّ لنهايات الآيات، فيقولون بصوتٍ واحد مثلًا ﴿أَفَلَا تَعۡقِلُونَ﴾، ﴿وَٱللَّهُ عَلِيمٌ حَكِيمٌ﴾ ونحوها وذلك لإثارة حماس المشاركين وتنشيطهم، ولكنّ استخدامه تراجع في العقود الأخيرة بعد

---

(١) الطيب محمد الطيب، المسيد (مرجع سابق) (ص١٠١)، تختلف الخلوة السّودانية عن الخلوة السوادانية.

الاعتراضات التي وجّهت إليه من قبل العلماء والمختصين[(١)].

٢- **ختمة المراجعة المعروفة في المصطلح الصومالي (فَرْدَّنْبِي Fardanbe)**، وتكون بأن ينسخ الطّالب ختمة خاصّة للمراجعة وتثبيت القراءة والكتابة، ويكون توقيتها غالبًا في الضحى بعد فراغ الطّالب من تسميع الدّرس السّابق ونسخ الدّرس الجديد، وعودته من استراحة الفطور.

٧- الولائم التكريميّة:

من الرّسمّيات التقليديّة في الخلوة الصوماليّة لا سيّما في البوادي

---

(١) من العلماء الذين اعترضوا على هذا النوع من الأداء الجماعيّ لنهايات الآيات، مجدّد علم القراءات والتجويد في القرن الأفريقي الشيخ علي بن عبد الرحمن المعروف بـ (علي صوفي) رحمه الله؛ وذلك لما فيه من اختلاط الأصوات، وتجزئة اللفظة القرآنية، والبدء من حيث لا يحسن البدء به، والإتيان بجزء من كلمة بعض الأحيان، ومدُ ما ليس فيه مدّ؛ ليستقيم النغم والصوت الجماعي كقولهم (أفلا تعقلونا) ونحوه (مقابلة مع الشيخ أحمد حاج قاسم، تلميذ الشيخ علي صوفي، إمام وخطيب في الأوقاف القطرية، الدوحة قطر ١٦ / ١٢/ ٢٠٢٢م). وأشار الإمام ابن الجزري رَحِمَهُ ٱللَّهُ في كتابه التمهيد في علم التجويد إلى ما يشبه طريقة (الهورس) عند الصوماليين، وعدّه من الأخطاء التي استحدثها بعض من يقرأ القرآن جماعيًا فقال رحمه الله وهو يتكلم عن بدع القرّاء»... وآخر أحدثه هؤلاء الذين يجتمعون فيقرأون كلهم بصوت واحد، فيقولون في نحو قوله: ﴿أَفَلَا يَعْقِلُونَ ﴾، ﴿أَوَلَا يَعْلَمُونَ ﴾: «أفل يعقلون»، «أول يعلمون»، فيحذفون الألف، وكذلك يحذفون الواو فيقولون: «قالُ آمنا»، والياء فيقولون: «يوم الدن» في ﴿يَوْمِ ٱلدِّينِ ﴾. ويمدّون ما لا يمدّ، ويحرّكون السواكن التي لم يجز تحريكها، ليستقيم لهم الطّريق التي سلكوها، وينبغي أن يسمّى هذا التحريف» ابن الجزري (محمد بن محمد بن محمد بن الجزري، التمهيد في علم التجويد، مكتبة المعارف الرياض ١٩٨٥م، (ص٤٢).

والقرى إقامة بعض الولائم لتشجيع الطالب على الحفظ، والدعاء له بالنجاح في رحلته مع حفظ القرآن. ومن أشهر تلك الولائم ما يسمّى في بعض المناطق بـ(الوليمة الصّغرى)[1] والتي تتزامن مع وصول الطالب إلى نهاية الحزب الأوّل من القرآن، أو وصوله إلى نهاية جزء (عمّ). وفي هذه الوليمة تصنع أسرة الطّفل طعامًا للمعلّم وطلّاب الخلوة، ويطلب منهم الدّعاء للطفل، وقد يُقرأُ عليه ختمة القرآن بنية الشّفاء والبركة.

أمّا الوليمة الثانيّة ويقال لها في بعض المناطق (الوليمة الكبرى) فتتزامن مع ختم الطالب القرآن الكريم، وفيها يجتمع الحاضرون على وليمة كبيرة يَذبَحُ فيها والد الحافظ للحاضرين والضّيوف، ويتبادل الحاضرون التّهاني، ويدعون للطّفل الخاتم بالبركة، وربما أجيز الطّلبة يومًا أو يومين؛ احتفاءً بالحافظ الجديد.

وهناك ولائم أخرى تقامُ في أوقات متفرّقة من رحلة الطّالب مع القرآن، ويُدعى إليها المعلّم وحفّاظ القرآن وطلبة الخلوة، ويُقرأ على الطالب ختمة كاملة من القرآن الكريم لطلب البركة والشفاء والحفظ، وقد يُقرَئُ له في ماء فيرشُّ عليه، ويشرب منه.

٨- الرّسوم الدراسيّة:

الرّسوم الدراسيّة في الخلاوي التقليديّة في البوادي والأرياف

---

(١) علي حلني: الدكسي وحفظ الإسلام في الصومال، إسلام أون لاين، قسم الثقافة والفن ٢٠٠٣م.

ليست ثمنًا يدفع للمعلّم، وإنّما هي قدرٌ متفقٌ عليه من الماشية، وأغلبه شاة تُقدّم للمعلّم كلّما أتمّ الطّالب (سُبُع) القرآن على ما بيّناه آنفًا في تحزيب القرآن إلى سبعة أسباع، أو تُقدّم له بعد مرور عددٍ من الأشهر المتّفق عليها، أمّا في المدن فإن رسوم الدّراسة فيها قدر معيّنٌ من الثّمن يُدفع للخلوة شهريًا.

وفي البوادي يقدّم للمعلّم بعد الختم ناقةً بكرًا تقديرًا لجهوده في تعليم الطّفل القرآن الكريم[١]، أمّا في المدن فيُعطى له قدرٌ متّفقٌ عليه من المال، أو يقدِّم له الوالد ما تيسّر له، دون اشتراط قدر معيّنٍ من المال.

وتُعدّ الهديّة التي تعطى للمعلّم بعد ختم الطّفل القرآن، أو حفظه، من العادات القديمة التي درج عليه المسلمون منذ القدم، ويطلق عليها (الحِذقة) وهي: ما يعطى للمعلّم بعد حَذْقِ الطفل القرآن[٢]. قال الناظم الشيخ عبد الباري بن عبد الرّحمن العلميّ في منظومته **(التنبّه فيما على المعلّم من التفقّه)**[٣]

الحِذْقَة اسم مقدَّرٍ لمعلّمٍ عقبَ الختام لأجل حِذق القاري

(١) محمد علي عبد الكريم وآخرون، تاريخ التعليم في الصومال، (مرجع سابق) (ص١٣).

(٢) محمد بن أحمد عليش، منح الجليل شرح مختصر خليل، دار الفكر، بيروت، لبنان، ١٩٨٤م، (٧/ ٤٨١)، وراجع كذلك، محمد بن أحمد بن رشد القرطبي (ابن رشد الجدّ)، كتاب البيان والتحصيل، ت: محمد حجي وآخرون، دار الغرب الإسلاميّ، بيروت، لبنان، ١٩٨٨م، (٤/ ٤٩٧).

(٣) عبد الباري عبد الرحمن العلمي، منظومة التنبّه فيما على المعلّم من التفقّه، الطبعة الأولى، مطبعة جرّتي، مقديشو الصومال ٢٠٢٠م، (ص١٩).

مشهورةٌ في دَارِنَا[(١)] مَعْرُوفَةٌ بـ(النَّاقَةِ) افْهَمْ سرّ الاسم الجاري

أفتىٰ به في الأمر الأول مالكٌ[(٢)] وجرىٰ به عملٌ علىٰ الأعصار

شكرًا لبذلِ معلّمٍ في جهده إنّ المعلّم صفوة الأخيار

ومردُّهَا للعرف في مقدارها وزمانها فارجع لعرف الدّارِ

٩- مما تميّزت به الخلوة التقليديّة الصوماليّة:

تتميّز الخلوة التقليديّة الصوماليّة لاسيّما في القرى والأرياف بمميّزات عدّة منها:

أ. متانة الحفظ: ويرجع هذا إلى نمط التّعليم في الخلوة التقليديّة القائم على التّكرار الكثير للدرس ممّا يؤدّي إلى حفظه حفظًا متقنًا، هذا

(١) يقصد (الصومال).

(٢) يقصد أنّ الإمام مالك رَحِمَهُ ٱللَّهُ أفتى بجواز أخذ الحِذقة، وهي مسألة مشهورة في مراجع الفقه المالكيّ، وفيها تفاصيل عمّا تجب به الحذقة، هل هو الحفظ المتقن؟ أم تجب مع بعض الأخطاء؟، وهل يجوز أخذها في القراءة من المصحف وإجادة التهجّي والخطّ دون الحفظ؟ ومتى تجب الحِذقة؟ ونحوها من الأبحاث اللطيفة التي ليس محلّ بسطها هنا، فلتراجع في مظانّها لأهميتها. راجع مثلا (ابن أبي زيد القيرواني، النوادر والزّيادات على مَا في المدَوَّنة من غيرها من الأُمهاتِ، ت: مجموعة من الباحثين، دار الغرب الإسلامي، بيروت لبنان ١٩٩٩: (٧/ ٥٩)، ومحمد بن عبد الله بن يونس التميمي الصقليّ، الجامع لمسائل المدّونة، ت: مجموعة من الباحثين، منشورات معهد البحوث العلميّة وإحياء التراث الإسلامي بجامعة أمّ القرى ٢٠١٣م، (١٥/ ٤٢٦)، ومحمد بن سحنون آداب المعلمين، ضمن موسوعة الجامع في كتب آداب المعلّمين (ص١١٦).

فضلًا عن صفاء ذهن الطّالب وبُعدِه عن المؤثّرات والمشوّشات التي تعجّ بها المدن من الفضائيات، والأجهزة الحديثة، وغيرها من الملهيات.

ب. **تمكّن الطلاب من القراءة والكتابة في وقت قصيرٍ:** بحيث يتمكن الطّالب من القراءة والكتابة، ويأخذ قلمه ليَستملي درسه قبل أن يتجاوز الحزب الأوّل من القرآن. ويرجع هذا إلى تشدّد الخلوة التقليدية بالكتابة، حيث يطلب من الطّالب أن ينسخ دروسه إلى اللّوح حتى يختم القرآن، وقد يطلب منه أن يعيد الختمة مرّتين أو ثلاثة كتابةً على اللّوح؛ بينما يتناول أطفال الخلاوي في المدن المصحف بعد فراغهم من برنامج القراءة والكتابة، ممّا يؤدّي إلى استمرار الضّعف معهم حتّى بعد ختمهم للقرآن،كما سيأتي تفصيله في الفصل الثاني بمشيئة الله.

ثانيًا: مراكز التحفيظ (مدارس تحفيظ القرآن الكريم)

يطلق (مراكز التحفيظ) أو (مدارس التحفيظ) على المراكز القرآنيّة الحديثة لتمييزها عن الخلاوي التقليديّة (دكسي) التي تناولناها في الفقرة السابقة. وفيما يلي عرض موجز لهذا الصنف من المراكز القرآنيّة، من حيث نظام الدراسة، وأدوات التعليم، ومجالات التركيز، وأهمّ المميّزات.

١- مميّزات عامة:

أ. ظهرت هذه المراكز استجابة لتطوّر الحياة في المدن، وتطوّر

أساليب التّعليم، ولهذا، فإنها تنتشر في الغالب في المدن الكبرى.

ب. تتميّز هذه النّوعية من المراكز بأنّ لها مواقع أفضل من الخلاوي التقليديّة، وتتمركز غالبًا في بيوت منفصلة، أو في شقق ضمن عمارات.

جـ. يتميّز القائمون على هذا النّوع من المراكز بأنّ مستواهم المعرفيّ أعلى من مستوى القائمين على الخلاوي التقليديّة، ولديهم استعدادٌ لتطوير أنفسهم، ويبحثون عن الخبرات الّتي تساعدهم في تطوير مراكزهم، ويحرصون كذلك على حضور الدّورات التّدريبية، والانتظام في مراكز الإقراء والتّصحيح؛ لتطوير أنفسهم في القرآن وعلومه.

د. تتألّف معظم هذه المراكز من عددٍ من الحلقات، ويُدرّس فيها عددٌ من المعلّمين، ولها مدير يقوم بإدارتها.

هـ. يخضع المعلّم للمقابلة والامتحان عند التحاقه بالعمل في هذا الصنف من المراكز القرآنية، فهي من هذه الناحية مؤسّسات لها معاييرها في التّوظيف واختيار المعلّم، على خلاف الخلاوي التّقليدية فإنها في الغالب مشروع الرّجل الواحد وهو (المعلّم)، وهو من يقوم بتأسيس الخلوة، والتدريس فيها، وإدارة شؤونها، دون مراقبة من أيّ طرف.

وتدرّس هذه المراكز إلى جانب حفظ القرآن الكريم كتب التربية الإسلامية على تفاوت فيما بينها، وهي نقطة تميّزها عن الخلاوي التقليديّة الّتي تكتفي في الغالب بتحفيظ القرآن الكريم.

٢- أدوات التعليم:

يُستخدم في هذا النّوع من المراكز عدة أنواعٍ من الوسائل التعليميّة

على تفاوتٍ فيما بينها، وهي كالآتي:

أ. **الدفتر**: ويستخدم عِوضًا عن اللّوح.

ب. **القلم**: ويستخدمه الأطفال لنسخ الدّروس على الدّفتر.

جـ. **السبّورة والطباشير**: وتُستخدمان لكتابة دروس القراءة والكتابة للأطفال، كما تستخدمان في تعليم الخطّ العربي، وفي دروس التّربية الإسلامية.

د. **اللّوحة البيضاء والقلم**: **Whiteboard**: ويستخدمان في المراكز النّموذجيّة في المدن الكبرى عِوضًا عن السّبورة والطّباشير.

هـ. **المسجّل ومكبّرات الصّوت**: وتستخدمان في تصحيح التّلاوة، عن طريق الاستماع إلى القرّاء المجوّدين، وتُستخدم أيضًا للاستماع إلى أذكار الصباح والمساء والأناشيد الإسلاميّة وغيرها من المواد المسموعة.

و. **الشاشات**: وتستخدم في بعض المراكز النموذجيّة في المدن الكبرى للاستماع إلى الأناشيد، والقصص، والبرامج التربويّة الهادفة في أوقات الاستراحة.

ز. **اللّوحات التعليميّة**: وتستخدم في بعض المراكز النّموذجيّة لتثبيت بعض جوانب المحتوى الدّراسيّ، كمخارج الحروف وصفاتها، أو لتعزيز القيم والمبادئ الإسلاميّة.

٣- نظام الدراسة:

ينقسم نظام الدراسة في هذا الصنف من المراكز على نظامين:

أ. **التفرُّغ التّام**: ويطلق عليهم طلّاب (قسم التحفيظ) : ويحضر هذا

الصّنف من الطّلاب إلى المركز في الصّباح المبكّر في السّاعة السّادسة أو السّادسة والنّصف، ثم يأخذون استراحة فطور في العاشرة، ويستأنفون الدروس والمراجعة إلى الظهر، ثم يأخذون استراحة الغداء وصلاة الظهر إمّا في داخل المركز أو في بيوتهم. ويستأنفون الدروس والمراجعة في الساعة الثانية أو الثانية والنصف بعد الظهر ويبقون في المدرسة إلى الساعة الخامسة أو الخامسة والنصف، وعلى هذا لا يسمح للطلاب المنتظمين في هذا القسم التسجيل في المدارس النظامية، وإنما يؤجّل تسجيلهم فيها إلى بعد ختم القرآن.

ب. الحضور الجزئي: ويطلق على هذه المجموعة طلّاب المدارس النظاميّة (Iskuuleey)، ويحضرون إلى الخلوة بعد انتهاء دوام المدرسة النظاميّة، ويبقون فيها إلى قبيل المغرب. وفي بعض المناطق يحضرون إلى الخلوة بعد صلاة الفجر مباشرة إلى السّاعة السّابعة ثم يرجعون إلى منازلهم استعدادًا للذهاب إلى المدرسة النظاميّة، ويرجعون مرّةً أخرى إلى المركز بعد دوام المدرسة النظاميّة.

٤- مجالات التّركيز وطرق التدريس:

أ. تعليم القراءة والكتابة:

القراءة والكتابة من أهمّ الجوانب التي تركّز عليها مراكز التحفيظ الحديثة، وتتبع أغلب المراكز التي تنضوي تحت هذا النّمط في تعليم القراءة والكتابة بعض الكتب المعاصرة في تعليم القراءة والكتابة ومن

أشهرها: معلم القراءة لمصطفى الجندي، والقراءة المصوّرة لمصطفى أبو سنة وعطية محمد، والقاعدة النورانية للشيخ نور محمد حقاني رَحِمَهُ ٱللَّهُ، وقاعدة نور البيان لمحّمد حسن محمد، والقاعدة البغدادية، وتستخدم بعض المراكز مقرّرات خاصة بها من تأليف منسوبيها.

أمّا المناطق الشمالية (أرض الصّومال) فقد نجحت مؤخرًا في توحيد منهج القراءة والكتابة وتأليف منهج موحّد لها سمّي بـ(التبيان في تعليم القراءة والكتابة) قامت بتأليفه لجنةٌ من الجمعيات القرآنيّة بدعم من وزارة الأوقاف والشؤون الإسلاميّة، وقد تمّ تعميمه في أغلب المراكز والخلاوي في المدن الكبرى. وهي مبادرة تستحقّ التّقدير والإشادة، وينبغي الإفادة منها في حلّ مشكلة تعدّد المناهج في الخلاوي القرآنية.

أمّا القاعدة الصومالية المشهورة بالقاعدة (الكونينيّة) فيبدو أن استخدامها في مراكز التحفيظ الحديثة انحصر في السنوات الأخيرة، وذلك بعد انتشار الكتب المعاصرة المذكورة؛ وهناك عددٌ من المراكز تُدمج بين القاعدة الصُّومالية وإحدى الكتب المعاصرة، وتكون طريقة الجمع باعتماد القاعدة الصوماليّة، مع تعزيزها بالأمثلة، والتطبيقات، والتدريبات، من إحدى الكتب المذكورة.

أمّا طرق تعليم القراءة والكتابة في المراكز التي تنضوي تحت هذا النمط فيمكن إجمالها في النقاط الآتية:

١. استخدام الدّفتر بدل اللّوح.

٢. نسخ الدرس للطالب على الدّفتر، بداية من مرحلة التنقيط، ثم مرحلة نسخ الحروف، ثم نسخ الكلمات وهكذا، حتى ينتهي من موضوعات تعليم القراءة والكتابة.

٣. إدراج أساسيّات علم التّجويد في برنامج القراءة والكتابة، وفق طرق مبتكرة تُدخل موضوعات التّجويد ضمن برنامج القراءة والكتابة.

٤. بعد تخرّج الطالب في برنامج القراءة والكتابة يشرع في الحفظ من المصحف بداية من سورة الفاتحة، ثم سورة الناس وما بعدها من قصار السور، حتى يختم القرآن .

٥. تُلزم بعض المدارس الطلاب بأن ينسخوا درسهم إلى الدفتر حتى ينتهوا من جزء عمّ، وبعضها إلى جزء تبارك، وبعضها إلى الأحقاف، وذلك ليتمكّن من مهارة الكتابة.

ب. الحفظ الجديد:

تتّبع مراكز التحفيظ في الحفظ الخطة الآتية، على تفاوت بينها في مستوى التطبيق وآلياته:

١. يقرأ المعلّم للطّلاب الدرس الجديد آية آية، ويردّد الطالب بعده.

٢. يطلب من الطّالب أن يقرأ الدّرس بنفسه بعد أن استمع إلى قراءة المعلّم في الأولى، وذلك ليتأكد المعلّم من صحّة قراءته قبل أن يشرع في الحفظ.

٣. يطلب من الطالب أن يكرّر الدرس آية آية قبل أن يغادر المدرسة، كمرحلة أولية للحفظ.

٤. يُطلب من الطالب أن يستمع إلى الدّرس في البيت من أحد القراء المجيدين كالمنشاوي والحصري رَحِمَهُمَااللَّهُ، ولتسهيل ذلك تَطلب بعض المدارس من طلّاب قسم التّحفيظ أن يصطحبوا معهم مصحف (التجويد) المصحوبِ بالقلم النّاطق.

٥. يُسَمِّعُ الطّالب الدّرس في اليوم التّالي، فإذا اجتاز، يقرأ له المعلم الدّرس الجديد على ما بيّناه، حتى يختم القرآن.

جـ- المراجعة:

هناك نوعان من المراجعة في مراكز التحفيظ وهما:

١- **المراجعة الفردية**: وهي أن يُطلب من الطالب أن يسمّع قدرًا من محفوظاته السابقة وفق جدول معيّن، كأن يسمّع ربع جزءٍ، أو ربعين، أو نصف جزءٍ، أو أكثر، أو أقل، حسب مستوى الطالب في الحفظ. ويسمّى هذا النّوع من المراجعة في المصطلح المحلّي (Dareeris)

٢- **السُّبع** : وهي جلسات المراجعة الجماعية للقرآن الكريم، ويخضع المقدار الذي يقرؤه الطلاب في كلّ جلسة من جلسات (السُّبع) إلى مستوى حفظ الطلاب، ولكنّه يتراوح غالبًا بين نصف جزءٍ وجزأين يوميًّا، وقد يتعدّى ذلك إلى خمسة أجزاء يوميًّا، وذلك في حلقات المتميّزين والحفّاظ المتقنين.

د. التربية الإسلامية:

تهتمّ أغلب مراكز التحفيظ بتدريس مقرّرات التربية الإسلامية إلى

جانب تحفيظ القرآن الكريم، وهذا ما يميّزها عن الخلوة التقليدية، فإنها تقتصر في الغالب على تحفيظ القرآن الكريم، أمّا دراسة العلوم الشرعية فتؤجّل إلى ما بعد الحفظ[1]، وهذا ممّا يؤخذ على الخلوة التقليديّة؛ لأنّ الطالب قد يختم القرآن، وهو لا يعرف أساسيات الدّين.

أما مراكز التّحفيظ الحديثة فتهتمّ بتدريس الأطفال أساسيات العلوم الإسلاميّة على تفاوت بينها في المداومة، والساعات الدراسيّة، ومدى تنظيم المقرّرات ومراعاة التدرّج. وفيما يلي عرض موجزٌ لأوضاع تدريس التربية الإسلامية في مراكز التحفيظ:

١. تدرّس أغلب مراكز التحفيظ دروس التربية الإسلاميّة في اليوم الأخير من الدّوام الأسبوعي.

٢. من مقرّرات التربية الإسلاميّة التي تعتبر قاسمًا مشتركًا بين معظم مراكز التحفيظ: الأربعون النووية في الحديث، و(حصن المسلم) في الأذكار للدكتور سعيد بن وهف القحطاني رَحِمَهُ ٱللَّهُ، و(تحفة الأطفال) في التّجويد للشّيخ سليمان الجمزوري رَحِمَهُ ٱللَّهُ، و(متن الجزرية) في

---

(١) هذا يوافق ما ذكره ابن خلدون عند قدماء المغاربة من فصلهم تعلّم العلوم الإسلامية عن تحفيظ القرآن، بحيث يتفرغ الطالب لحفظ القرآن حتى يختم ثم ينتقل إلى تعلّم علوم العربيّة والشريعة على خلاف طريقة المشارقة التي كانت تزاوج بين حفظ القرآن وتعلم علوم الدين وفنون العربية قال رَحِمَهُ ٱللَّهُ: «فأمّا أهل المغرب فمذهبهم في الولدان الاقتصار على تعليم القرآن فقط، وأخذهم أثناء المدارسة بالرّسم ومسائله واختلاف حملة القرآن فيه، لا يخلطون ذلك بسواه في شيء من مجالس تعليمهم، لا من حديث، ولا من فقه، ولا من شعر، ولا من كلام العرب» تاريخ ابن خلدون (مرجع سابق) (١/ ٧٤٠).

التجويد للإمام ابن الجزري رَحِمَهُ ٱللَّهُ، وغيرها من المختصرات.

٣. تدرّس بعض المراكز النموذجيّة تفسير القرآن الكريم بداية من جزء عمّ، ثم جزء تبارك وهكذا تصاعديًا، ولكنها قليلةٌ جدًّا، على الرّغم من أهميّة تعليم الأطفال تفسير القرآن الكريم، والدَّور الإيجابي الذي يمكن أن يؤدّيه في تربيتهم وتوجيههم، وتسهيل الحفظ لهم.

٤. بدأت بعض المراكز في المدن الكبرى مؤخرًا تدريس اللغة العربية للطّلاب؛ لأهميتها لفهم القرآن الكريم والعلوم الإسلامية، وهي مبادرة جيّدة تستحق التشجيع والدّعم.

ثالثًا: داخليات تحفيظ القرآن الكريم

النّمط الثالث من مراكز تحفيظ القرآن الكريم في المنطقة الصّومالية هو ما يسمّى بـ(داخليات تحفيظ القرآن الكريم)، وهي مراكز حديثة النشأة، توفّر التعليم والسّكن للطلّاب، وتشتمل على غرف للنّوم، ومصلّيات، وغرف للدّراسة، وصالات للطّعام، وتشتمل بعضها على أماكن للترفيه، وممارسة الأنشطة، وفيما يلي عرضٌ موجزٌ لداخليات تحفيظ القرآن الكريم:

١. توجد داخليات تحفيظ القرآن الكريم في المدن الكبرى والحواضر.

٢. جاءت فكرة (داخليات تحفيظ القرآن) استجابة لرغبة أولياء الأمور في تفريغ أبنائهم مدّة محدّدة لحفظ القرآن الكريم ودراسة المتون الشرعية، وعزلهم عن المؤثّرات السّلبيّة في الشّارع، والمحيط الاجتماعيّ.

٣. تتّفق (داخليات التّحفيظ) مع (مراكز التّحفيظ) المشار إليها في الفقرة السابقة في المنهج، وجوانب التركيز، وطرق التدريس، ويمكن أن تعتبر امتدادًا لها؛ لأنّ كثيرًا منها نشأ من توسّع بعض مراكز التحفيظ.

٤. تدرّس بعض الداخليات إلى جانب حفظ القرآن والتربية الإسلاميّة، مقرّرات المدرسة النظاميّة، وذلك بتخصيص ساعات من الدّوام المدرسيّ للتّحفيظ، والجزء الآخر لدراسة مقرّرات المدرسة النظاميّة، ليَجمع الطّالب بين حفظ القرآن، والتّعليم النّظاميّ.

٥. تتوسّع بعض الداخليات في تحفيظ الطلاب المتون الأساسيّة في العلوم الشرعيّة من الحديث، والفقه، والعقيدة، وعلوم الآلة وغيرها، مقابل تطعيم المنهج بقليلٍ من مقرّرات المدرسة النظاميّة كالرياضيّات، واللغة الإنجليزيّة، والعلوم؛ ليتخرّج الطّالب من الداخليّة وهو مهيّأ للالتحاق بالكلّيات الإسلاميّة، مع قدرٍ من الثقافة العامّة المهمّة لتأهيل الداعية لمواكبة العصر[1].

٦. تهتمّ بعض الداخليات النموذجيّة بإقامة أنشطة طلّابية كالمسابقات، والمباريات الرياضيّة، والاحتفالات الثقافيّة، والرّحلات الطلابيّة ونحوها، وهو أمرٌ جيّد يستحقّ الإشادة؛ لما فيه من كسر الملل

(١) من تلك الداخليات مركز زيد بن ثابت في العاصمة مقديشو، وهو مركز نموذجيّ يَدرس فيه الطلاب مجّانًا على نفقة رجل الأعمال الشيخ أحمد نور جمعالي، ويتميّز المركز باهتمامه بتحفيظ الطّلاب المتون في العلوم الإسلامية المختلفة، مع تدريسهم المواد الأساسية في التعليم الثانوي كالعلوم والرياضيات واللغات والكمبيوتر، ويُتاح للطلّاب بعد التخرج في المعهد الالتحاق بكلية الشريعة والقيادة التابعة لنفس المؤسسة.

الذي ينشأ من إقامة الطّلاب في الداخليّة فترة طويلة.

رابعًا: رياض التحفيظ:

رياض (تحفيظ القرآن)، نمطٌ حديثٌ من المراكز القرآنيّة ظهر مؤخرًا في بعض المدن الكبرى، وتتلخّص فكرتها في الدَّمج بين الرّوضة وتحفيظ القرآن، مع الحرص على تحسين بيئة التعليم، وأساليب التّدريس ووسائله.

وفيما يلي نبذة مختصر عن رياض التحفيظ، من حيث نظام الدراسة، ومجالات التّركيز والمراحل الدراسيّة، وأهم المميّزات[١]

١. نظام الدراسة:

يقوم نظام الدّراسة في رياض التحفيظ على نظام اليوم الدّراسيّ، ويمتدّ غالبًا من السّاعة السّابعة صباحًا وحتى الخامسة مساءً، بما فيها استراحات الفطور، والغداء، والصلاة، والقيلولة، كما توفّر خدمة نقل الأطفال إلى منازلهم.

٢. المراحل الدراسية:

---

(١) جمعنا البيانات المتعلقة برياض التحفيظ من مقابلة أجريناها عبر الهاتف مع عدد من القائمين على أشهر رياض التحفيظ وهم: الدكتور محمد طاهر علي (علوي)، والأستاذ عبد الله آدم(الطّيب)، والشيخ شعيب هارون، من رياض لقمان الحكيم في مقديشو، والأستاذة هبة حسن حاج أحمد من روضة المشكاة للأطفال في مقديشو، والأستاذ مبارك جامع عبد الله من روضة مركز دار الحفظ في هرجيسا، والأستاذة آمنة محمد علي(مديرة روضة مركز مروة لتنمية المرأة في هرجيسا.

تتألّف رياض التحفيظ من ثلاث مراحل هي:

المرحلة الأولىٰ: الرّوضة : وتتألّف من مستويين هما:

أ. **الحضانة** : وتستقبل أطفال الثّالثة والرّابعة لتأهيلهم للدّراسة، والإمساك بالقلم، والتّعامل مع الآخرين، وغيرها من المهارات الأساسيّة. ويُحفّظون كذلك بعض المحفوظات من الأذكار، وقصار السور، وبعض الأحاديث، والأناشيد الإسلاميّة.

ب. **الرَّوضة**: ويُدرس فيها برنامج القراءة والكتابة كاملًا، مع محفوظات الأذكار والأحاديث وقصار السُّور.

المرحلة الثانية: التحفيظ: وينتقل إليها الطّالب بعد التخرّج في برنامج القراءة والكتابة، ويشرع في الحفظ مع مراجعة المحفوظ السّابق حتى يختم القرآن، وذلك إلى جانب دراسة متون التجويد، وأساسيات التربية الإسلاميّة، كالتّوحيد، والسيرة النبوية، والفقه ونحوها.

المرحلة الثالثة: ما بعد التحفيظ: وتختلف رياض الأطفال فيما تقدّمه للأطفال في هذه المرحلة، فبعضها تقدّم لهم برنامجًا دراسيًّا لما بعد الختم، يشتمل على تثبيت الحفظ، وتصحيح القراءة، ثم ينتقل الأطفال المتميّزون إلى حلقات الإجازة، بينما يُوفّر البعض الآخر دراسة المرحلة الابتدائيّة، مع الاستمرار في مراجعة القرآن، وذلك بتخصيص الفترة الصباحيّة للقرآن الكريم، والفترة المسائيّة لدراسة مقرّرات المرحلة الابتدائيّة.

٣. أهم مميّزات رياض التحفيظ:

تميّزت رياض التحفيظ ببعض المميّزات وهي:

١. وفّرت فرص التعليم والتّدريب لأطفال ما قبل المدرسة بداية من السّنة الثالثة والرابعة، مع العلم بأنّ هذه الفئة لم تكن تجد فرصة في الخلاوي، لأنّها تستقبل في الغالب أطفال الخامسة وما بعدها.

٢. أسهمت في تحسين بيئة تعليم القرآن الكريم نسبيًّا، وذلك من حيث الفصول الدراسيّة والأدوات، ومن حيث الخطّة وطرق التدريس، والأنشطة الطلّابية ونحوها.

٣. طرحت برنامجًا مميّزًا في تعليم الأطفال القراءة والكتابة، وإعدادهم للانتقال إلى قسم التّحفيظ، أو للالتحاق بالتعليم النّظامي.

خامسًا: دُور القرآن الكريم:

يُطلق مصطلح (دُور القرآن) على نمطٍ من مراكز التّحفيظ الحديثة التي تنتشر بكثرة في ولاية (بونت لاند) شمال شرق الصومال. وخلاصة فكرتها الدَّمج بين تحفيظ القرآن والمدرسة النظامية. وفيما يلي عرضٌ موجزٌ لها، وتاريخ نشأتها، ونظام الدراسة فيها، وأهم إسهاماتها في ميدان تحفيظ القرآن الكريم :

١- نبذة تاريخية:

جاءت فكرة دمج تحفيظ القرآن بالمدرسة النظاميّة، استجابةً لرغبة أولياء أمور الطلبة في تحفيظ أبنائهم القرآن الكريم، مع عدم

تفويتهم التّعليم النظاميّ.

أمّا عن تاريخ نشأة (دُور القرآن الكريم) فقد توصّل الباحث- من خلال مقابلات أجراها- إلى أنَّ هذا النظام بدأ في أوقاتٍ متقاربة في كلّ من (مقديشو عاصمة الصّومال، ومدينة (بوصاصو) العاصمة التجاريّة لولاية (بونت لاند) شمال شرق الصومال، وذلك في مطلع العقد الأوّل من الألفيّة الثّالثة.

ففي جنوب الصومال أنشأت جمعية القرآن الكريم في الصُّومال في عام ٢٠٠٢م عددًا من المراكز النموذجيّة التي جمعت بين تحفيظ القرآن والتعليم الأساسيّ، وكان الدّافع إلى ذلك الرّغبة في طرح نموذجٍ تعليميّ متميّزٍ يجمع بين تحفيظ القرآن الكريم والتعليم النظاميّ[١]

وقام النظام التعليميّ في تلك المراكز على تدريس القرآن الكريم وعلومه في الفترة الصّباحية، وتخصيص الفترة المسائية لتدريس مقرّرات المرحلة الابتدائيّة.

وقد نالت هذه المراكز استحسان المجتمع، وانضمّ إلى صفوفها عددٌ كبير من الطّلاب في غضون سنواتٍ، ولكنّها توقّفت بعد أربع سنوات من تأسيسها بعد الغزو الإثيوبيّ للصّومال عام ٢٠٠٧م، وما ترتّب عليه من التشريد والدّمار[٢]

---

(١) الشيخ عبد الرحمن سعيد آدم (الأعرج) رئيس جمعية القرآن الكريم في الصومال (مقابلة عبر الهاتف ٢٠٢٢/ ١٢/ ٢٢م.

(٢) الشيخ عبد الرحمن آدم (الأعرج) رئيس جمعية القرآن الكريم في الصومال (مقابلة عبر الهاتف ٢٠٢٢/ ١٢/ ٢٢م) والأستاذ عبد الرشيد آدم إسحاق الأمين العام لجمعية القرآن في الصُّومال (مقابلة عبر الهاتف ٢٠٢٢/ ١٢/ ١٢م).

وفي ولاية بونت لاند بدأ النظام الدّمجيّ بين تحفيظ القرآن والتعليم النظاميّ في نفس العام (٢٠٠٢م) على يد كلٍّ من: الشّيخ محمّد معلّم أحمد[1] والشّيخ موليد أحمد متان[2]، وكان الدافع إلى التأسيس في أوّل الأمر توفير مدرسة قرآنيّة نموذجيّة لأولادهم وغيرهم من أبناء المسلمين، وذلك نظرًا لتدهور أوضاع الخلاوي التقليديّة في المدن آنذاك من حيث البيئة المدرسية ومشكلاتها، ومن حيث ضعف المخرجات[3]. فأسّسا أوّل الأمر مدرسة صغيرة في مدينة بوصاصو، تألّفت من فصلٍ واحدٍ، أُسميتْ مدرسة (دار القرآن الكريم)، وكان تركيزها في تلك الفترة على الجوانب الآتية:

١. ابتكار طريقة حديثة في تعليم القراءة والكتابة، بعد ظهور ضعفٍ شديدٍ في مخرجات الخلاوي التقليديّة في القراءة والكتابة.

---

(١) الشيخ محمد معلم أحمد عميد كلية الشريعة والدراسات الإسلامية في جامعة شرق أفريقيا في بوصاصو سابقًا، فقيه له نشاط في نشر العلم الشرعي في ولاية بونت لاند. تلقّى تعليمه في مرحلة البكالوريوس في كلية الشريعة والدراسات الإسلامية بالمدينة المنورة، والماجستير في جامعة أم درمان في السّودان اختصاص الفقه وأصوله، وهو حاليًا المشرف العام لمدارس دار القرآن الكريم في ولاية بونت لاند.

(٢) الشيخ موليد أحمد متان متخصص في القرآن وعلومه، تتلمذ على يد مجدّد علم القراءات والتجويد في الصومال الشيخ علي بن عبد الرحمن المعروف بـ(الشيخ علي صوفي)، وغيره من علماء القراءات، وهو مدرّس في كلية الشريعة والدراسات الإسلاميّة بجامعة شرق أفريقيا في بوصاصو- الصومال، وهو المشرف التعليمي لقسم تحفيظ القرآن الكريم في مدارس (دار القرآن الكريم).

(٣) الشيخ محمد معلم أحمد، والشيخ موليد أحمد متان، (مقابلة عبر الهاتف ٢٩ نوفمبر ٢٠٢٢)

٢. تحفيظ الأبناء القرآن الكريم بالتجويد بشكل متقن في وقتٍ قصير.

٣. تحفيظ الأطفال المتون الشرعية الأساسية، وتربيتهم على الآداب الإسلاميّة.

٤. تدريس الأطفال اللغة العربية؛ كونها أداة فهم القرآن والتراث الإسلاميّ.

وقد حقّقت المدرسة في عامها الأوّل نجاحًا ملحوظًا في المجالات المذكورة، فشهدت إقبالًا كبيرًا، حتى وصلت في نهاية عامها الأول إلى خمسة فصول، وفي العام التّالي زاد الإقبال عليها فأنشأت فرعًا آخر لها في نفس المدينة.

وبعد مرور ثلاث سنواتٍ تقريبًا من التأسيس قررّت إدارة المدرسة تحويل المدرسة إلى مدرسة دمجية تدرّس القرآن الكريم ومنهج المرحلة الابتدائية في الوقت نفسه، حتى لا تفوت الطّلاب فرصة التعليم النظاميّ الذي بات أمرًا أساسيًّا في الحياة المعاصرة. وبهذا القرار وضعت مدرسة (دار القرآن الكريم) في مدينة بوصاصو الأساس الأوّل للنظام الدمجيّ بين الخلوة القرآنيّة والمدرسة الابتدائيّة في ولاية بونت لاند، وقد أصبح فيما بعد نظامًا تعليميًّا مستقلًّا يطلق عليه (دُور القرآن الكريم).

انتشار الفكرة وتحوُّل عدد كبير من الخلاوي إليها:

بعد مرور سنواتٍ من تأسيس مدرسة (دار القرآن الكريم) في مدينة بوصاصو، ونجاحها في طرح نموذجٍ متميّزٍ من الخلوة القرآنيّة؛

تحوّل عددٌ كبيرٌ من خلاوي القرآن الكريم في الولاية إلى هذا النظام الحديث، وأصبح استخدام لفظة (الدار) في اسم المركز القرآنيّ علامة تجاريّة للفت الأنظار إليه، وإثبات كونه مركزًا حديثًا يصير على نظام مدرسة (دار القرآن الأم) في الجمع بين تحفيظ القرآن الكريم والتعليم الأساسيّ، وهو ما أشار إليه الشّاعر (علي توحيد) في قصيدة له عن مدرسة دار القرآن الكريم (الأم)، وذلك في قوله[1].

دارُ القرآن بدورها الدّيني — في شأنها شعري يُلبّيني
هي منهل القرّاء تنهضُ بالـ — ـصّغار إلىٰ معارف الدينِ
كَم مِن مؤسّسةٍ بها اقتدتْ — تخطو خطاها كالقوانين
تَحظَىٰ بتأييدٍ وترحيبٍ لَدىٰ — أوساطِ أمّتنا المَلايين

ومع مرور الزّمن تحوّل نظام (دُورِ القرآن الكريم) في ولاية بونت لاند إلى نظامٍ تعليميّ له رواجٌ شعبيٌّ واسع، وقد زاحم المدارس الابتدائيّة في الولاية، حتى اضطرّت بعضها إلى فتح نظام ابتدائيّ على غراره.

وحسب إحصائية نشرتها الجزيرة نت في عام ٢٠١٢ وصل عدد المدارس التي تنضوي تحت نظام (دُور القرآن) إلى أكثر من ١٤٠ مدرسة منتشرة في المدن الكبرى في الولاية[2]، أمّا الآن فقد تجاوزت أضعاف هذا

(١) ألقاها الشاعر في حفل تخرج المدرسة في الفرع الرئيسي في مدينة بوصاصو عام ٢٠٠٩.

(٢) عبد الفتاح أشكر نور، مدارس القرآن.. نموذج تعليمي صاعد بالصومال، الجزيرة نت بتاريخ =

العدد، إذ تعدّى انتشارها إلى القرى والبلدات. ويعود هذا الإقبال الشعبيّ الذي حظي به نظام (دُورِ القرآن) فيما يبدو إلى عدّة عوامل:

١. نجاح نظام دار القرآن لا سيما مدرسة (دار القرآن الأم) والمدارس التي جاءت بعدها كمدرسة دار البرّ - في إنتاج نموذج متميّز من الطّلاب يجمع بين حفظ القرآن، والتربية الإسلامية، مع متطلبات التخرّج في المرحلة الابتدائيّة.
٢. يوفّر هذا النّظام على الأسر مادّيًّا من حيث رسوم الدّراسة، مقارنةً بما كانت تدفعه للخلوة القرآنية والمدرسة الابتدائيّة منفصلتين.
٣. يُحقّقُ هذا النظام توحيد متابعة الطالب في حفظ القرآن، والتعليم المدرسيّ من طرف إدارة واحدة، وهذا أدعى إلى ضبط جوانب القوّة والضعف، والموازنة بين الواجبات التي يُكَلّفُ بها الطالب، بينما كان في السابق يَطلب منه كلُّ من معلّم الخلوة ومعلم المدرسة النظاميّة واجبات ثقيلة لا يستطيع إنجازها.

٢. نظام الدراسة:

يقوم نظام الدراسة في دُور القرآن الكريم على الآتي:

أ. تقسيم العام الدراسيّ إلى فصلين دراسيين، وفق تقويم التعليم النظاميّ.

=

٢٠١٢/ ١٠/ ٠١
الرابط: https://www.aljazeera.net/news/reportsandinterviews/2012/10/1

ب. تخصيص الفترة الصّباحية للقرآن الكريم ليبدأ الطالب به يومه، وتبدأ الدراسة فيها من الساعة السَّادسة والنصف، وتمتدّ إلى الحادية عشرة والنصف

ج. تخصيص الفترة المسائية لدراسة مقرّرات المرحلة الابتدائيّة.

د. استثمار عطلة الصّيف بالحفظ ودراسة المتون الشرعيّة .

٣. مجالات التركيز وطرق التدريس:

تتركّز خطة التدريس في دُور القرآن على ثلاثة مجالات هي:

المجال الأول: القراءة والكتابة:

وهو أهمّ برنامج تمّيزت به دُور القرآن، ولعلّه من أهمّ ما حقّق لها الشعبيّة التي حظيت بها في غضون سنواتٍ قليلة.

وتعتمد معظم (دُور القرآن) في تعليم القراءة والكتابة على كتاب : (القراءة المصوّرة لمصطفى أبو سنة، وعطية محمد). مع وجود بعض المراكز التي تعتمد على مقرّرات خاصّة من تأليف منسوبيها.

أمّا طرق تعليم القراءة والكتابة في المراكز التي تنضوي تحت هذا النمط فهي متقاربة، ويمكن إجمالها في الآتي:

١. استخدام الدّفتر بدل اللّوح في تعليم القراءة والكتابة، وذلك لصعوبة استخدام اللّوح والمداد في الغرف الدراسيّة.

٢. تقسيم القراءة والكتابة إلى مستوياتٍ داخليّة، وفق موضوعات

القراءة والكتابة المعروفة.

٣. تدريب الطّلاب على التّجويد التطبيقيّ أثناء استمرارهم في تعلّم القراءة والكتابة، وذلك من خلال تلقينهم قصار السّور مع الاستماع إلى أحد القراء المجوّدين تحت إشراف المعلّم.

٤. بعد التخرّج في برنامج القراءة والكتابة يبدأ الطالب دراسة القرآن الكريم من المصحف، ويتمّ التركيز في الجزأين الأوّل والثاني على التّلقين والتّدريب المكثّف على التجويد التطبيقيّ.

المجال الثاني: تحفيظ القرآن الكريم: وخطته كالآتي:

١. تقسيم الطلاب إلى مجموعات في الحفظ.

٢. يقرأ المعلّم للطّلاب الدرس الجديد آية آية، ويردّد الطالب بعده.

٣. يُكلَّفُ الطالب بأن يقرأ الدرس مرة أخرى؛ ليتأكّد المعلّم من صحّة قراءته قبل الشُّروع في الحفظ.

٤. يُسَمِّعُ الطّالب الدّرس في اليوم التالي، فإذا اجتاز، يقرأ له المعلّم الدرس الجديد على ما بينّاه، حتى يختم القرآن.

أما بالنسبة للمراجعة ففيها ثلاثة أنماط هي:

١. **المراجعة الفردية**: وهي أن يُسمّع الطالب قدرًا من محفوظاته السّابقة وفق جدول معيّن.

٢. **السُّبع**: وهي جلسات المراجعة الجماعية، ويخضع نصابه اليوميّ

إلى مستوى حفظ الطّلاب والوقت المتاح.

٣. **تحزيب القرآن إلى أحزاب تكون مثلا:** خمسة أجزاء، أو عشرة، أو نحوها، ويُركّز عليها بشكل مكثّف في جدول محدَّد، ثم يمرُّ الطلاب على اختبار في تلك الأجزاء التي أتقنوها، ثم يشرعون في الحزب الذي يليه وهكذا. وهذه طريقة جديدة ابتكرتها مدرسة (دار القرآن الأم)، لكسر الرّوتين في الطريقة التقليديّة لمراجعة المحفوظات السّابقة.

المجال الثالث: مقرّرات المدرسة النظامية.

أغلب دُور القرآن تغطّي التعليم الأساسيّ من الرّوضة إلى الفصل الثّامن، وتختبر في الامتحانات الشهادية مع المدارس النظاميّة في الولاية، وأنشأت مؤسّسة (دار البرّ) في مدينة بوصاصو مدرسة ثانويّة مؤخّرًا، لتسجّل بذلك السبق إلى إضافة المرحلة الثانويّة لنظام (دُور القرآن الكريم). ومما يميّزها من الثانويات الأخرى أن أغلب طلّابها من حفاظ القرآن الكريم، وأنّ أغلبهم من ثمار المدرسة بداية من مرحلة القراءة والكتابة [1]

٤- الإنجازات والمآخذ:

تميّزت تجربة دُور القرآن الكريم بعدد من المميّزات أهمّها:

١ - أثبتَ هذا النّظام إمكانية الجمع بين حفظ القرآن والتّعليم النّظاميّ،

---

(١) الأستاذ إيمان يوسف، مؤسس مدرسة دار البرّ (مقابلة عبر الهاتف ٢٠٢٢/ ١٢/ ٢٢).

بينما كان أولياء الأمور في السَّابق يقفون في مفترق الطّرق، بين رغبتهم في أن يتشرّف أبناؤهم بحفظ كتاب الله، وتعلّم العلوم الإسلاميّة، وبين خوفهم من تأخّرهم عن التعليم النظاميّ، الأمر الذي يؤثّر في تطوّرهم التعليميّ في المستقبل.

٢- أسهم هذا النظام في تطوير صورة الخلوة القرآنية، حيث أخرجها من كونها مؤسّسة تقليدية في أماكن غير ملائمة، إلى مؤسّسات رسمية لها مقرّات خاصة بها.

٣- حوّل الخلوة القرآنية إلى مؤسّسة لها معاييرها في التّوظيف، بينما كانت الخلوة القرآنية في السّابق مركزًا خاصًّا يؤسّسه المعلّم بنفسه، دون مراقبة من أيّ طرف.

٤- أسهم في حلّ مشكلة ضعف القراءة والكتابة التي كانت ظاهرة لافتة للأنظار في الخلاوي القرآنية في المدن. واستحدث كذلك إضافة مادة تحسين الخط إلى مقرّرات الخلاوي القرآنيّة.

٥- يُحقّقُ هذا النظام توحيد متابعة الطالب في حفظ القرآن والتعليم النظاميّ من قبل إدارة واحدة، وهذا يسهّل متابعة حالة الطالب، وتحليل جوانب ضعفه، والبحث عن حلولها من جانب، والموازنة بين المهام والواجبات التي تسند إليه في الحفظ وفي التعليم المدرسيّ، من جانب آخر.

٦- حسّن جودة التعليم في الخلاوي القرآنيّة، عن طريق ما استحدثه من الوسائل والطّرق الحديثة في التعليم، وعن طريق المتابعة والإشراف التربويّ، بينما كان العمل في الخلوة في السّابق عملًا أحاديًا يبدأ بمعلّم الخلوة وينتهي به، دون مراقبة أو إشراف من أيّ جهة.

٧- وفّر هذا النظام فرص عملٍ لشريحة كبيرة من معلّمي القرآن الكريم، وذلك بعد الانتشار الواسع لدُور القرآن في المدن والقرى.

٨- أسهم في تحسين مستوى معلّم القرآن من حيث ما يوفّره له من التّدريب، والتطوير المهنيّ والإشراف الإداريّ.

المآخذ على هذا النّظام:

على الرّغم من الإنجازات التي حقّقها هذا النّظام في مجال تطوير تحفيظ القرآن الكريم، والإقبال الشعبيّ الذي حظي به ولا يزال، إلّا أنّه لم يسلم من المآخذ، ومن أهمّ ما يؤخذ عليه ما يأتي:

١- بعد الانتشار الواسع والرّواج الّذي حظي به هذا النظام، طرأ عليه بعض الضّعف والقصور، وهذا يرجع إلى تحوّل التّركيز في بعض الحالات إلى الكمّ مقابل الكيف.

٢- يرى بعض المراقبين أنّ هذا النظام أدّى إلى تراجع الخلوة التقليديّة الصوماليّة (الدكسي) الّتي تُعدُّ من أهمّ معالم الثّقافة التقليديّة الصوماليّة.

٤- ممّا يُؤخذ على هذا النّظام أنه ضيّع فرصة انتظام الكبار في مراكز تحفيظ القرآن، لأنه حوّل تحفيظ القرآن إلى جزء من مراحل التّعليم النظاميّ التّي يمرّ عليها الأطفال؛ ممّا أدّى إلى صعوبة انضمام الكبار إلى صفوفها، بينما كانت الخلوة التقليديّة مؤسّسة مفتوحة للجميع، تستقبل الكبار والصغار وتدرّس كلًّا منهم في الوقت المناسب.

❁ ❁ ❁

الفصل الثاني

المشكلات التي تواجهها خلاوي القرآن الكريم في الصومال

المبحث الأول: ضعف تأهيل المعلّمين

المبحث الثاني: نماذجٌ من المشكلات التربويّة

المبحث الثالث: ضعف المنهج

المبحث الرابع: الضعف الإداريّ

المبحث الخامس: مشكلات البيئة المدرسيّة

المبحث السّادس: ضعف التقويم التربويّ

المبحث السَّابع: ضعف المخرجات التعليميّة والتربويّة

على الرغم من اهتمام الشَّعب الصُّومالي بتحفيظ القرآن الكريم، وتسجيل أبنائهم في خلاوي القرآن الكريم؛ فإن ميدان تحفيظ القرآن الكريم في الصُّومال يشهد كثيرًا من المشكلات التربويّة والتعليميّة والإداريّة.

ونحاول في هذا الفصل أن نستعرض أبرز تلك المشكلات، ومظاهرها، والعوامل المؤثّرة فيها، وذلك من منطلق أن التّشخيص الصّحيح للمرض، هو الخطوة الأولى للحصول على التّرياق الناجع له.

المبحث الأول

ضعف تأهيل المعلمين

تتّفق الأدبيات التربويّة في أنّ المعلّم هو العنصر الأهمّ من عناصر التعليم الثلاثة (معلّم- متعلّم-منهج)(١) ، وأنّ نجاح العملية التربويّة وإخفاقها يتوقّفان على نوعية المعلّم وكفاءته ومدى تمكّنه ممّا يُدرّس، وكيف يُدرِّس، وكيف يتعامل مع من يُدرّسه، ويتولّى تربيته، فالمعلّم إذن: هو العمود الفقري للعملية التعليمية(٢) ، وربّان سفينتها الذي يوجهها إلى برّ الأمان إن أُحسن إعداده وتأهيله، أو يوجهها إلى الإخفاق إذا أهمل، وترك الأمر لاجتهاداته الشخصية. وقد أثبتت الأبحاث المعاصرة أن التعليم يعتمد على المعلم بنسبة ٦٠٪. أمّا النسبة الباقية وهي ٤٠٪ فهي موزّعة على بقيّة العناصر (٣)

---

(١) خالد مطهر العدواني، إعداد المعلمين قبل وأثناء الخدمة٣١ وما بعدها (د.ت)، ونورة محمد البليهد، أدوار معلّم التعليم العام في المملكة العربيّة السعوديّة، مجلّة كلّية التربية جامعة الأزهر العدد ١٦٢، يناير ٢٠١٥م، (١/ ٧٠٣).

(٢) وجيه الفرح وميشيل دبابنة، أساسيات التنمية المهنية للمعلمين، الوراق للنشر والتوزيع ٢٠٠٦م، (ص٦)، وخالد مطهر العدوانيّ، إعداد المعلّمين قبل وأثناء الخدمة (مرجع سابق) (ص٧)، وحنان العناني، علم النفس التربوي، دار صفاء للنشر والتوزيع عمّان الأردن، ٢٠١٤م، (ص١٣).

(٣) عمر عبد الرحمن نصر الله، تدنّي مستوى التحصيل والإنجاز المدرسيّ -أسبابه وعلاجه، دار وائل للنشر عمان الأردن، ٢٠١٠م، (ص١٧٤) وما بعدها.

وممّا يؤكّد الدَّور المحوريّ للمعلّم في العمليّة التعليميّة المقولة الشّائعة في الأدب التربويّ الّتي مفادها «يمكن للمعلّم الكفء أن يحقّق أهداف التربية ووظائفها تحت أي ظرف، بينما يخفق التعليم على يد المعلّم غير الكفء حتى لو توافرت له جميع شرائط التعليم الناجح»(١)؛ وذلك لأنّ المعلّم الكفء بكفاءته وإبداعه يعوّض عن أيّ قصورٍ في المنهج أو في الكتاب المدرسيّ، أو في البيئة التعليميّة، أو في الأدوات، أو في غيرها من عناصر التّعليم؛ بينما لا يُعوّض المنهج المدرسيّ الجيّد عن المعلّم ودوره المحوريّ في التعليم. وبناءً على هذا ألغت بعض الدول الكتاب المدرسيّ، واستعاضت عنه إعطاء المدرّس خطَّةً عامّةً تشمل المجالات المطلوبة تغطيتها في الفصل الدراسيّ، مع ترك الحريّة له في تصميم الأنشطة التعليمية التي تلائم الموقف التعليمي، واتجاهات المتعلمين، ومستواهم المعرفيّ والعمريّ.

هذا ما قاله خبراء التربية عن أهمية المعلّم باقتضاب؛ إذ لا يسع المقام لبسط الكلام فيه. والسّؤال المطروح الآن: ما واقع تأهيل معلّم القرآن الكريم في خلاوي القرآن الكريم في بلادنا؟

إنّ الناظر إلى واقع معلّم القرآن الكريم في بلادنا يجد أن هناك قصورًا في هذا العنصر المحوريّ، وهو أمرٌ غير خافٍ على أحدٍ من

---

(١) خالد مطهر العدواني، إعداد المعلمين قبل وأثناء الخدمة (مرجع سابق) (ص٧)، ووجيه الفرح وميشيل دبابنة، أساسيات التنمية المهنية للمعلمين (مرجع سابق) (ص٦).

المطَّلعين على حالة خلاوي القرآن الكريم في بلادنا، فما هي جوانب هذا القصور؟ وما عوامله؟ وما مظاهره؟

لكي نستطيع الإجابة عن هذا السّؤال، يتحتّم علينا أن نحدّد أولًا جوانب تأهيل المعلمين وإعدادهم في الأدب التربويّ، ومن ثَمّ نحاول عرض واقع تأهيل معلمي القرآن الكريم في بلادنا عليها. ويمكن تلخيص مجالات تأهيل المعلّمين في الأدب التربوي في ثلاثة مجالات هي: (١)

المجال الأول: الإعداد العلميّ أو التخصّصيّ: ويُعنَى بإعداد المعلّم من النّاحية العلميّة، وتزويده بالخبرات والمعارف اللّازمة للتخصُّص الّذي سيتولّى تدريسه، حتى يتمكّن من تقديمه لتلامذته تقديمًا صحيحًا، وذلك لأنّ (فاقد الشيء لا يعطيه)!

المجال الثاني: الإعداد التربوي: ويُعنى بتسليح المعلّم بالأسس التربوية اللازمة لمزاولة مهنة التدريس، وتزويده من الخبرات ما يُفيده في معرفة كيف يدرّس؟ وكيف يخطّط؟ وكي يقيّم؟ وكيف يتعامل مع من يدرّس...إلخ .وتُقدَّم للمعلّم في هذا المجال مسارات علوم التربية الأساسية كالتخطيط التربوي، وطرق التدريس، وتكنولوجيا التعليم،

(١) محمود فوزي، التربية وإعداد المعلم العربي، دار التعليم الجامعي، الإسكندرية ٢٠١٢م، (ص٢١٣)، وما بعدها، وعلي فوزي عبد المقصود، المقوّمات التربويّة لتأهيل المعلّمين غير التربويين في ضوء متغيّرات العصر، مؤسّسة شباب الجامعة، الإسكندرية ٢٠١٤م، (ص٥٢)، وخالد مطهر العدواني، إعداد المعلمين قبل وأثناء الخدمة (مرجع سابق) (ص١٣) وما بعدها.

والمناهج التعليميّة، وأساليب التقويم، وعلم النفس التربويّ وغيرها من المقرّرات.

المجال الثالث: الإعداد الثقافيّ: ويُعنى بإعداد المعلّم ثقافيًا، وذلك بتزويده بقدرٍ كافٍ من الثّقافة العامّة، لا سيّما في العلوم ذات الصّلة المباشرة أو غير المباشرة بمهنة التدريس بشكلٍ عام، والعلوم الّتي لها صلة بالمواد التي سيتولّى تدريسها بشكلٍ خاص. ويُزوّدُ أيضًا بقدرٍ كافٍ من علوم العصر، وذلك من منطلق أن الثقافة العامّة عنصرٌ أساسيٌّ في نضج المعلّم، وتوسيع أفقه، وإبداعه في مجاله.

وإذا حاولنا أن ننزل هذه الجوانب الثلاثة على واقع تأهيل معلمي القرآن الكريم في بلادنا، نجد أن هناك ضعفًا في تلك المجالات الثلاثة المذكورة على تفاوتٍ فيما بينها، وفيما يلي عرضٌ موجز لصور ذلك الضّعف:

أولا: الضعف في الإعداد العلميّ والتخصّصيّ، ومن صوره ما يأتي:

١ - **ضعف الحفظ**: وهو أمرٌ مستحدثٌ ظهر في العقود الأخيرة، ولم يكن معروفًا من قبل في ساحة الخلوة القرآنية الصومالية، بل كان من المتعارف عليه أن الشخص لا يطلق عليه (معلّم) حتى يحفظ القرآن حفظًا متقنًا يغنيه عن العود إلى المصحف، وذلك ليُملي القرآن على تلامذته عن ظهر الغيب، خاصّة في تلك الفترة التي كانت المصاحف غير منتشرة إلا في نطاق ضيّق محصورٍ بالمدن والحواضر.

أمّا في الآونة الأخيرة فقد ظهرت شريحة من معلّمي القرآن الكريم

لا يحفظون القرآن، وإنما يعتمدون على المصحف في تلقين الدرس وفي الاستماع إلى الدرس السابق، وهذا أمر شديد الخطورة؛ إذ لا يُنتظر من معلّم لا يستطيع قراءة الدرس الجديد لطلّابه إلا من خلال النظر إلى المصحف أن ينتج حفاظًا متقنين!

٢- **اللّحن في القرآن**: وهذه الصُّورة أشدّ خطورة من سابقتها، وهي مترتّبة عليها؛ لأنّ ضعيف الحفظ يعتمد غالبًا على القراءة من المصحف، مما يؤدّي إلى الوقوع في اللّحن الذي يصل أحيانا إلى اللحن الجليّ وهو: (الخطأ المؤدي إلى تغيير حرفٍ مكان حرفٍ، أو تغيير حركة مكان حركة، وهو أشدّ أنواع اللحن لما يؤدي إليه من التغيير في معاني القرآن الكريم)(١).

٣- الضعف في العلوم الشرعية التي لا يسع معلم القرآن جهلها:

لا بدَّ لمعلّم القرآن من الإلمام بالعلوم الشرعيّة عامّة كالعقيدة والحديث والفقه والسيرة النبويّة واللّغة العربية وفنونها، وبالعلوم المرتبطة بالقرآن الكريم خاصّةً، كالتّفسير، والتّجويد، وأصول التّفسير ونحوها، إذ لا يمكن أن يؤدّي المعلّم دوره مرشدًا ومعلّمًا ومربيًا بالشّكل المطلوب وهو قليل البضاعة في تلك العلوم.

وممّا يؤسف له أن شريحةً كبيرة من معلّمي القرآن الكريم في

---

(١) ابن الجزري، التمهيد في علم التجويد ت: غانم قدوري حمد، مؤسسة الرسالة بيروت ٢٠٠١م، (ص٧٥).

بلادنا ليسوا مؤهلين بأساسيات العلوم الشرعيّة، بل يكتفي أغلبهم بحفظ لفظ القرآن أو جزء منه، دون فهم معانيه، وأحكامه، والعلوم الأساسيّة التي لا يسع المسلم جهلها، ناهيك عن المعلّم والدّاعية!

ومن عوامل هذه المشكلة في رأينا، غياب معاهد تأهيل معلّمي القرآن الكريم، وعدم وجود جهات رسميّة أو أهليّة تراقب من يتولّى تدريس القرآن، أو ترخّص له. فليس هناك مؤهّلات تطلب ممّن يتولّى تدريس القرآن، أو من يرغب في فتح خلوة لتحفيظ القرآن، وإنّما عليه أن يستأجر غرفةً أو عددًا من الغرف، ويشرع في استقبال الطلاب؛ بينما يشترط لمعلّمي المدارس النظامية الحصول على دبلوم أو شهادة جامعية في تدريس المادّة التي يتقدم لها، أو يخضع لاختبار كفاءة في التدريس عامّة، وفي المادّة التي يتقدّم لها خاصّة.

ثانيًا: ضعف الإعداد التربوي:

يُعدُّ الإعداد التربوي للمعلم من أهمّ مجالات تأهيل المعلّمين قبل وأثناء الخدمة، لما ينطوي عليه من التأثير البالغ في العمليّة التربويّة سلبًا أو إيجابًا. فالمعلّم ليس ناقل معرفة فحسب، بل يلعب أدوارًا أهمّ من نقل المعرفة: كالتخطيط، والإدارة، والتطوير، والإرشاد، والتوجيه، والقدوة، والتّعزيز، والتّشويق، والإثارة، والتّقويم، وغيرها من العمليات.

وبناءً على هذا، تُولي المؤسّسات المتخصّصة بإعداد المعلّمين وتأهيلهم، عناية خاصّة للإعداد التربويّ للمعلّم، وإعداده لمزاولة مهنة

التربية والتعليم.

وبما أنّنا لا نملك معاهد وكلّيات لتدريب معلمي القرآن الكريم - فمن نافلة القول الإشارة إلى أنّ هذا المجال أيضًا يشهد ضعفًا شديدًا، وهو أمر بالغ الخطورة لما يترتّب عليه من الأخطاء التربويّة القاتلة التي قد تنفّر الأطفال من خلاوي القرآن؛ وذلك لأنَّ المعلّم غير المدرّب تربويًا يخطئ من حيث لا يعلم، ويدمّر الطالب من غير قصدٍ، وذلك فضلًا عن الأخطاء في طرق التدريس، وعدم مراعاة الفروق الفردية، وغياب التخطيط، وغيرها من الأخطاء التربوية، وهو ما ستوضّحه الدّراسة في المبحث التالي.

❁ ❁ ❁

المبحث الثاني

نماذج من المشكلات التربويّة في الخلاوي القرآنيّة

يعاني ميدان تحفيظ القرآن الكريم في الصّومال من مشاكل تربويّة عدّة، نظرًا لضعف تدريب المعلّمين، و نقتصر هنا بذكر أبرز أربع مشكلات منها وهي كالآتي: (١)

أولاً: اعتماد العنف وسيلة للتّربية:

العنف في اللغة: الخُرْقُ بالأمر وَقِلَّةُ الرِّفْق بِهِ، وَهُوَ ضِدُّ الرِّفْقِ. عَنُفَ بِهِ وَعَلَيْهِ يَعْنُفُ عُنْفًا وعَنافة وأَعْنَفَه وعَنَّفَه تَعْنِيفًا، وَهُوَ عَنِيفٌ إِذا لَمْ يَكُنْ رَفيقًا فِي أَمره (٢).

وفي الاصطلاح يُعرّف بأنه: «استخدام الضغط أو القوّة استخدامًا غير مشروع»، أو هو: «سلوك يعبّر عن حالة انفعاليّة تنتهي بإيقاع الأذىٰ أو الضّرر بالآخر، سواء أكان فردًا أو شيئًا، متمثّلًا بالإيذاء البدنيّ، أو الهجوم

(١) لمزيد من التفصيل راجع كتابنا: المشكلات التربوية في الخلاوي القرآنية (المظاهر- الأسباب- الحلول).

(٢) ابن منظور، لسان العرب، مادة (عنف)، دار صادر، بيروت لبنان ١٤١٤هـ، (٩/ ٥٧)، وانظر أيضًا: الفيروزآبادي، القاموس المحيط، ت: مكتبة تحقيق التراث بمؤسّسة الرسالة، مؤسسة الرسالة للطباعة والنشر، بيروت لبنان ٢٠٠٥م، (ص١٣٩)، والخليل بن أحمد الفراهيدي، كتاب العين، ت: مهدي المخزوميّ، وإبراهيم السامرّائيّ، دار ومكتبة الهلال، القاهرة مصر، (٢/ ١٥٧) (د.ت).

اللفظيّ، أو تحطيم الممتلكات، وقد يصل إلىٰ التهديد بالقتل أو القتل»[(١)]

وفي الحديث أن النبي ﷺ قال: «**إِنَّ اللهَ رَفِيقٌ يُحِبُّ الرِّفق، وَيُعْطي عَلَىٰ الرِّفق، مَا لَا يُعْطِي عَلَىٰ العُنْفِ، وَمَا لَا يُعْطِي عَلَىٰ مَا سِوَاهُ**»[(٢)].

وتعدّ ظاهرة العنف التربويّ من الظواهر الشّائعة في مجتمعنا بشكلٍ عام، ويتّضح هذا من ربط ثقافتنا بين التربية والعنف، بحيث ينصرف الذهن إلى العنف والضرب إذا أطلق لفظ التربية، فمثلًا إذا قيل: (هؤلاء أولاد لم يتلقّوا تربية صحيحة)، أو (فلان لا يربّي أولاده، أو (لا يؤدّبهم جيّدًا)، أو قيل لشخصٍ: (إنّ طفلك يحتاج إلى تأديب وتربية)؛ فإنّ ذهن السامع ينصرف عادة إلى الضّرب والتوبيخ.

ويأتي مجال التعليم في مقدّمة المجالات التي يمارس فيها العنف ضدّ الأطفال، ويعود هذا أيضًا، إلى ما هو سائدٌ في مجتمعنا من الربط بين العنف وجودة الإنتاج التعليميّ؛ إذ يعتقد الكثير منّا أنّ المعلّم العنيف أفضل إنتاجًا من المعلّم المتسامح الذي لا يضرب تلامذته، بل قد تضطرّ بعض الأسر إلى سحب أطفالها من المدرسة، إذا كان المعلّم متسامحًا لطيفًا، لا يضرب الطلّاب ولا يخافون منه.

---

(١) أحمد زكي بدوي معجم مصطلحات العلوم الاجتماعية، مكتبة لبنان بيروت ١٩٨٢م، (ص٤٤١)، ومدحت محمد أبو النصر، مشكلة العنف ضدّ الأطفال في مصر، مجلّة بحوث الخدمة الاجتماعية التنموية، جامعة بني سويف، مصر، المجلّد الثاني، العدد الأول مارس ٢٠٢٢م، (ص١٤-١٥).

(٢) أخرجه البخاري برقم (٦٩٢٧)، ومسلم برقم(٢٥٩٣).

وتبعًا لهذا - وفي ظلّ غياب الإعداد التربويّ لمعلّم القرآن- يمارس كثير من معلّمي القرآن العنف في تعاملهم مع طلّابهم اعتقادًا منهم بأنّه الأصلح لهم.

ومن صور العنف ضد الأطفال في خلاوي القرآن الكريم: العنف اللّفظيّ، ويكون بالصّراخ في وجه الطّفل، وتوبيخه وشتمه، والسّخرية منه، وتوجيه الألفاظ الجارحة له كرميه بالغباء، والبلادة، والفشل، ونحوها من الألفاظ التي تجري على ألسنة الكثير من المعلّمين وأولياء الأمور في تعاملهم مع الأطفال، وهي تصرّفات خطيرة تترك أثرًا سلبيًا في نفسية الطفل، وتفقده الثّقة بنفسه، وتنفّره عن المدرّس والمادّة وربما عن التّعليم، كما أنّها تترك أثرًا سلبيًّا في تحصيله العلمي كما أكّدت عليه الدراسات العلميّة[١]

ومن مظاهر العنف ضد الأطفال في مدارسنا أيضًا العنف الجسديّ، ويكون بالتعدّي على الطفل بالضّرب، وقد يصل إلى توثيقه بالحبال مبالغة في النكاية به وعقابه. وهو من أسوأ أنواع العنف في خلاوي القرآن الكريم.

ولعلّ من أبرز مظاهر العنف لدى الأطفال في مدارسنا العنف

---

(١) حنان عزيز عبد الحسين، العنف التربوي وانعكاساته على التحصيل الدراسي في المرحلة الابتدائية، مجلّة البحوث والدراسات التربويّة، جامعة بغداد العدد (٤٠) للعام ٢٠١٤م. ورجاء محمود أبو علّام، ونادية محمود شريف، الفروق الفردية وتطبيقاتها التربوية، المؤسسة اللّبنانية للكتاب الأكاديميّ، بيروت لبنان ٢٠١٤م، (ص٢١٢-٢١٣).

العاطفي، وهو ما نراه سائدًا في مدارسنا من قسوة المعلّمين على طلّابهم، وعدم إظهار الحبّ والبشاشة لهم. بل أصبحت الصورة الشائعة لمعلّم القرآن في بلادنا أنه رجلُ متجهّم الوجه، عبوسٌ، لا يضع العصا عن عاتقه. وهذا أمر مخالفٌ لهديه ﷺ فقد كان ﷺ معلّمًا رحيمًا، تعلو وجهه البسمة والبشاشة، يكره العنت، ويحبُّ اليسر في الأمر كلّه، يرفق بالمتعلّم ويحرص عليه[1] قال تعالى وهو يحدّثنا عن صفاته ﷺ معلّمًا ﴿لَقَدْ جَآءَكُمْ رَسُولٌ مِّنْ أَنفُسِكُمْ عَزِيزٌ عَلَيْهِ مَا عَنِتُّمْ حَرِيصٌ عَلَيْكُم بِٱلْمُؤْمِنِينَ رَءُوفٌ رَّحِيمٌ﴾[التوبة:١٢٨].

ثانيًا: عدم مراعاة الفروق الفردية بين الطلاب:

من أهمّ الأمور التي ينبغي مراعاتها في التعليم وفي الحياة بشكلٍ عام الفروق الفرديّة بين الأشخاص، لأنّ الله تعالى خلق الخلق مختلفين لا يطابق أحدٌ منهم أحدًا آخر تطابقًا تامًّا، فالناس مختلفون في أشكالهم، وألوانهم، وطبائعهم، وأمزجتهم، ومهاراتهم، وقدراتهم العقليّة والحركيّة. فثَمّة أشخاص لديهم قدرةٌ عاليةٌ على التحمّل، وأشخاصٌ لديهم قدرة أقلّ على التحمّل، وأشخاصٌ سريعو التعلّم، وأشخاص يتعلمون ببطء، وآخرون حباهم الله قوة الحفظ، وآخرون حباهم الله الفهم، إلى غير ذلك من الفروق الفرديّة بين الأشخاص[2]

(١) عبد الفتاح أبو غدّة: الرسول المعلم وأساليبه في التعليم، دار البشائر الإسلامية، بيروت لبنان، (ص٢١).

(٢) رجاء محمود أبو علّام ونادية محمود شريف، الفروق الفردية وتطبيقاتها التربوية، المؤسسة =

وتُعَرَّف الفروق الفرديّة بأنّها «**اختلافات الأفراد بعضهم عن بعض، في خصائصهم الجسميّة، وفي صفاتهم المزاجيّة، وقدراتهم العقليّة**»[١].

ولأهمّية الفروق الفرديّة في التعليم بشكلٍ خاصٍ؛ لا تخلو برامج تدريب المعلّمين في المعاهد والجامعات في أنحاء العالَم من مسارات تحتوي ضمن مفرداتها موضوع الفروق الفرديّة، وذلك لإعداد المعلّم للتّعامل مع الفروق الفرديّة المختلفة التي يواجهها في فصول الدّراسة؛ وليأخذها بعين الاعتبار في إعداد الدروس، وتقديمها، وإعداد الوسائل التعليميّة، وأدوات التقويم والقياس، وغيرها من الأنشطة التربويّة والتعليميّة.

وتعدّ مشكلة عدم مراعاة الفروق الفرديّة بين الطلّاب من أكبر المشكلات في خلاوي القرآن الكريم في بلادنا. ولعلّنا نلخّص أهمّ انعكاساتها في الميدان النقاط الآتية:

١- عدم شعور كثيرٍ من المعلّمين بأنَّ وجود الفروق الفرديّة بين الطلّاب أمرٌ طبيعيٌ، ويتولّد من ذلك إحباط المعلّم وتذمّره، خاصّة في تعامله مع الطلّاب ذوي صعوبات التعلّم، أو الذين يعانون من التأخّر الدّراسي، فتجده يصنِّف الطلاب إلى صنفين: أغبياء وأذكياء.

=

اللبنانية للكتاب الأكاديمي، بيروت لبنان، (ص١٥) وما بعدها، وسليمان الخضري الشيخ، سيكولوجية الفروق الفردية في الذكاء، دار المسيرة عمّان الأردن ٢٠٠٧م، (ص١٧) وما بعدها.

(١) سركز العجيلي، معجم مصطلحات العلوم التربويّة والنفسيّة، منشورات جامعة السابع من إبريل ١٩٩٧، (ص١٠١).

والأسوأ من هذا أن المعلّم يصل بعض الأحيان إلى حدّ اليأس، ومن ثمَّ يهمل بعض الطلاب بسبب اعتقاده بأنّه لا مجال لتحسين أوضاعهم، على الرّغم من أنّهم قد يحتاجون إلى قليلٍ من الجهد.

٢- فرضُ خطَّة واحدة على جميع الطلّابً في الحفظ، وفي المراجعة، حيث يُحدّد لهم قدرًا معينًا يكون مثلا صفحة واحدة للحفظ الجديد ونصف جزء للمراجعة يوميًا مثلًا، وعلى جميع الطلاب الالتزام بتلك الخطة، ومن لم يلتزم بها فهو بليدٌ أو مقصّرٌ، ويتعرَّض للعقاب، دون مراعاة للفروق الفرديّة بين الطلاب.

٣- أحادية التّقييم، وينشأ منها إهمال المميّزات التي يتميّز بها بعض الطلاب، وعدم استثمارها. فهناك طلّاب ضعيفو الحفظ، ولكنهم يتميّزون بسرعة الفهم والقدرة على التحليل، وهناك طلّاب بطيئو الحفظ ولكنهم يتميّزون بسرعة التذكّر واستدعاء الأفكار والمحفوظات القديمة بشكل أسرع -ربما- من سريع الحفظ.

ثالثًا: غياب التّحفيز:

الحَفزُ في اللغة: حَثُّك الشَّيْءَ مِنْ خَلْفِهِ سَوْقًا وَغَيْرَ سَوْقٍ، حَفَزَه يَحْفِزُه حَفْزًا [1].

وتُعرَّف الحوافز بأنها «**مجموعة العوامل والمؤثّرات الخارجيّة**

(١) الخليل بن أحمد الفراهيدي، كتاب العين (مرجع سابق) (٣/ ١٦٤). وابن منظور، لسان العرب (مرجع سابق) (٥/ ٣٧).

التي تثير الفرد وتدفعه لأداء الأعمال الموكّلة إليه على خير وجه، عن طريق إشباع حاجاته ورغباته المادّيّة والمعنويّة»[١].

وللتّحفيز أهمّية كبيرة في حياة الإنسان بشكلٍ عام؛ إذ هو المحرّك الّذي يساعد الأشخاص على الإنجاز والاندفاعٍ نحو الأهداف. وقد أثبتت الدّراسات العلميّة أهمّية التّحفيز، وأثره في تحسين الأداء، ودفع المرؤوسين إلى الإنجاز والاستمرارية في العمل[٢].

ويأتي مجال التّعليم على رأس مجالات الحياة التي تحتاج إلى التحفيز؛ لما فيه من الرتابة والواجبات الثّقيلة. فالطّالب يحتاج إلى التّحفيز ليستمرّ في إنجاز المهمّات المطلوبة منه، ومن هنا لا بدّ أن يُعطي القائمون على مراكز التعليم اهتمامًا كبيرًا لتحفيز الطلاب، ورفع دافعيتهم، وإثارة حماسهم نحو الإنجاز.

وإذا نظرنا إلى واقع خلاوي القرآن الكريم في بلادنا نجد أنّ عنصر التّحفيز شبه غائب من ساحاتها، فعلى الطالب أن يفعل ما أمر به المدرّس، وإذا لم يفعل فهو بليدٌ، أو متمرّد، ويتعرّض للعقاب، وإن

(١) خالد عبد الرحمن الهيتي، إدارة الموارد البشرية مدخل إستراتيجيّ، دار وائل للنشر والتوزيع، عمّان الأردن ٢٠١٠م، (ص٢٥٥).

(٢) إبراهيم الفقي، قوّة التحفيز، ثمرات للنشر والتوزيع، القاهرة ٢٠١١م، (ص٥)، وفليب وايتلي التحفيز، ت: يوسف أحمد الظافر، دار الكتاب العربي بيروت لبنان ٢٠٠٩م، (ص١١-١٢)، وعمر عبد الرحمن نصر الله، تدنّي مستوى التحصيل والإنجاز المدرسي أسبابه وعلاجه (مرجع سابق)، (ص١٨).

أبـدع أو أنجـز، فإنّـه لا يجـد تحفيـزًا يُـذكر مـن معلّمـه، أو مـن إدارة المدرسة، بل إنّ كثيرًا من المعلّمين والمربّين يعتقدون أنّ التحفيز أمرٌ ثانويٌّ لا أهمّية له، وهم في ذلك محقّون؛ لأنّهم تعلموا بسياسة (العصا لمـن عصـى)، فكـأنّ لسـان حـالهم يقـول لطلّابهـم (يجب عليكم أن تتعلّموا بالطريقة التي تعلّمنا بها)!

وفي مقابـل التحفيـز، تنتشـر في مدارسـنا مجموعـة مـن المحبطـات القاتلـة، وقـد أشـرنا إلـى بعضـها أثنـاء حـديثنا عـن العنـف اللّفظـي في الخلاوي القرآنيّة، ومن أسوئها: السخريّة من الطفل، وشتمه، ورميه بالبلادة والغباء، وغيرها من المحبِطات.

رابعًا: التسرُّب من الدّراسة:

يُعرّف (التسرّب الدّارسي) بأنه (**انقطاع التلميذ عن التعليم كلّيًا قبل إتمامه، وعدم عودته إليه، لسبب من الأسباب**)[1].

وتُعدُّ مشكلة تسرّب الأطفال من الدّراسة من المشكلات الكبيرة التي تواجـه الأطفـال بشكلٍ عـام، فهـي إهـدارٌ لطفـلٍ كـان بالإمكـان أن يـتعلّم، ويكـون ناجحًـا في حياتـه، وهـي كـذلك إحبـاط لأسـرته التـي اجتهدت في تنشئته، وتربيته، وفضـلًا عـن ذلـك فهـي سـببٌ مـن أسـباب

(١) عمرو فاخر محمد عبّاس، مشكلات التسرّب الدراسي الناتجة عن صعوبات التعلّم، مجلّة كلّية الخدمة الاجتماعيّة للدّراسات والبحوث الاجتماعيّة - جامعة الفيوم، العدد العاشر، (ص٢٦٨-٢٦٩).

تراجع الشعوب وانتشار الأميّة بين أبنائها.

وتأتي خلاوي القرآن الكريم في الصّومال في مقدّمة المؤسّسات التعليميّة التي تشهد مشكلة (التسرّب الدّراسي) بكثرة، وهو أمر معتادٌ يعرفه كثيرٌ منّا، ونسمع كثيرًا من البالغين وهم يروون قصص تسرّبهم من الخلوة، والسّورة، أو الآية التي وصلوا إليها قبل التسرّب من الخلوة ونحوها.

وللتسرّب الدّراسي أسباب كثيرة منها: [(١)]

١- الأسباب التربويّة المتعلّقة بالمعلّم وطريقة تعامله مع الأطفال، وقسوته عليهم، الأمر الذي يحيل الخلوة إلى عامل إرهاب وتخويف للطّفل. وقد أثبتت الدّراسات العلميّة أنّ لِحبّ المعلّم وكراهته دورٌ كبيرٌ في تقبّل الطّفل للمدرسة وإقباله على التّعليم، أو انصرافه عنها. وهذا أمرٌ بديهيٌّ لا يحتاج إلى برهنة أو تأكيد؛ لأنّ الإنسان بشكل عام مجبولٌ على الميل إلى من يُحسنُ إليه ويقدّره، والانصراف عمّن يسيء إليه ولا يقدّره.

٢- الأسباب الأسريّة، فقد يتسرّب الطفل من التعليم بسبب مشكلات أسرية واجهت أسرته: كالطلاق، والتفكّك الأسري، ووفاةُ أحد

(١) راجع أسباب التسرّب الدراسيّ في كلّ من : البحث الإجرائيّ لحلّ المشكلات التربويّة والسلوكيّة، جيهان محمود جودة، دار الزهراء الرّياض، ٢٠١٤م: ٦٥ وما بعدها، وعبد العزيز المعايطة ومحمد عبد الله الجغيمان، مشكلات تربوية، دار الثقافة للنشر والتوزيع، عمّان الأردن، الطبعة الرّابعة ٢٠١٥م، (ص٥٣) وما بعدها.

الوالدين، وعدم الاستقرار المنزليّ ونحوها.

٣- الأسباب المادية، وهي الظّروف المادّيّة التي تواجه أسرة الطّفل، فيضطرّ الطفل بسببها إلى التسرّب من الخلوة ليساعد أسرته في مواجهة ظروف الحياة، فيذهب إلى العمل في وقت مبكّر. وقد تعجز الأسرة عن دفع رسوم الخلوة عن أطفالها فيؤدّي ذلك إلى إحراج الطفل أمام إدارة المدرسة، ثمّ يضطرّ إلى التسرّب من الدراسة.

٤- أسباب شخصية، كالأمراض النفسيّة، والعضويّة وغيرها من المشكلات الشخصيّة التي تصيب الطفل، فتتسبب في تسرّبه من الخلوة وانقطاعه عن حفظ القرآن.

٥- الأسباب التعليميّة، مثل: صعوبات التعلّم، فقد يكون الطفل من ذوي صعوبات التعلّم، ولا يجد في الخلوة من يمدّ يد العون إليه، ويجبر خاطره، ويذلّل له الصعوبات، ويحفّزه على المحاولة والجلَد. بل ربما يصادف من يحبطه، ويسخر منه، سواء من المعلمين، أو من الطلّاب، مما يؤدّي إلى شعور الطّفل بعدم الأهميّة، وإحباطه من التعليقات السلبيّة، والنظرة الدونيّة له، فيقرّر الفرار من الخلوة، ولو استدعى ذلك أن يشرد إلى وجهة مجهولة، كما حدث في حالات متعدّدة.

ومن الأسباب التعليميّة المؤثّرة في تسرّب الطّفل من الخلوة،كثرة الواجبات التي يكلَّف بها الطّفل، ممّا يؤدّي إلى إخفاقه في إنجازها،

ومن ثَمَّ يشعر بالإحراج الشّديد أمام المعلّم والزملاء، وذلك فضلًا عن خوفه من العقاب، فيقرّر في النّهاية الهروبَ من الخلوة.

٦- أسباب تعود إلى المدرسة أو الخلوة، فقد تكون المدرسة عامل خوفٍ وإرهاب للطّفل، سواء فيما يتعلّق بمشكلات بيئة التعلم من الضّيق وعدم مناسبة درجة الحرارة، أو فيما يتعلّق بتعامل المعلّمين والإداريين مع الأطفال وقسوتهم عليهم، ورؤية الطفل العقاب الجسدي الذي يتعرّض له بعض زملائه ونحو ذلك. وقد يتطوّر هذا الخوف إلى ما يسمّى بعقدة الرّهبة من المدرسة (School Phobia)، ومن أعراضها: القلق، وشحوب الوجه، والتمرّض، واضطرابات المعدة، والأرق، والتقيؤ، والبكاء، والتبوّل، وهي -في الأغلب- أعراضٌ آنيةٌ، هدفها التخلّص من الذهاب إلى المدرسة، ولهذا تجد الطفل يستعيد عافيته بعد تأكّده من عدم ذهابه إلى المدرسة في ذلك اليوم[1].

٧- الانقطاع من المدرسة في فترة معيّنة، بسبب المرض أو السّفر، فيجد بعد عودته إلى الخلوة كثيرًا من التغيّرات، مما يتسبّب في

(١) لمزيد من التفاصيل في مشكلة الرّهاب المدرسيّ (فوبيا المدرسة) راجع كلًا من: رشا محمود حسين، الفوبيا المدرسية، دار الجامعة الجديدة للنشر، الإسكندرية ٢٠١٣م، (ص٢٥-٢٦)، وجيهان محمود جودة، البحث الإجرائي لحل المشكلات التربوية والسلوكية (مرجع سابق) (ص٩٧)، وعبد العزيز المعايطة ومحمد عبد الله الجغيمان، مشكلات تربوية معاصرة (مرجع سابق) (ص٢٧)، وانظر مشكلة الرهاب المدرسي في الخلاوي القرآنية ومقترحات حلولها، عمر محمد ورسمة، المشكلات التربويّة في الخلاوي القرآنيّة (المظاهر- الأسباب- الحلول)، الطبعة الأولى، نيروبي كينيا، ٢٠٢٢م، (ص٥٣-٥٧).

إحباطه، وتراجع دافعيته، ومن ثم يفكّر في الانقطاع عن المدرسة.

٨- كثرة تنقّل الطفل من خلوة إلى خلوة، ممّا يسبّب له الانفصام، والتشتّت، وعدم الاستقرار، ومن ثم الهروب من الخلوة والانقطاع عنها؛ وذلك لأثر اختلاف البيئات، واختلاف الثقافات المؤسّسية، وأنظمة التعليم في الخلاوي التي تنقّل بينها.

٩- رفقاء السوء، فقد يكون الطفل جيّدًا في التحصيل العلميّ، وفي المواظبة، والسلوك، ولكنه يتسرّب من التعليم بسبب تأثير رفقاء السوء.

١٠- الفارق العمريّ في الفصل الدراسيّ الواحد، حيث يجلس في الصّف الدراسيّ أطفال الرابعة والخامسة إلى جنب المراهقين والبالغين، وهو أمر مشاعٌ في الخلاوي القرآنية، ويؤدّي إلى تضايق الأطفال الكبار والمراهقين من الخلوة، وانصرافهم عنها؛ ترفّعًا عن الجلوس إلى جنب الأطفال الصغار، ولاعتقادهم بأنهم تجاوزوا مرحلة الدّراسة في الخلوة، ويحدث هذا غالبًا بعد ختم الطفل القرآن الكريم.

١١- عدم وضوح الرؤية المستقبليّة لحفظ القرآن عند الطفل، وغياب برنامج ما بعد الحفظ؛ الأمر الذي يؤدّي إلى إحباط الطفل، وعدم شعوره بجدوى الاستمرار في الخلوة. ويحدث هذا غالبًا في ظلّ ضعف التّحفيز، وفي ظلّ غياب الجدول الزّمني الذي يحدّد موعد ختم الطفل للقرآن الكريم، والسير على الجدول المفتوح الذي ليس له هدف زمنيٌّ يؤمّل به الطفل نفسه، ممّا يؤدّي إلى ملله،

وتراجع دافعيته، وتسرّبه من الخلوة.

ومن أشكال تسرّب الأطفال من الخلوة:

١- التسرّب الفكري أو الشرود الذهني، بحيث تجد الطفل سارحًا، غارقًا في أحلام اليقظة التي يجد فيه متنفّسًا عن واقعه المشحون بالضّغوط.

٢- التأخّر عن المدرسة، والتعلل بعلل واهية، من مثل التأخر في النوم، وتأخر السائق ونحوه.

٣- الهروب الجزئي في أوقات الاستراحات، أو قبيل انتهاء الدوام المدرسي.

٤- الهروب الكامل أو التسرّب الكامل.

المبحث الثالث

ضعف المنهج

يعتبر المنهج أحد أهمّ عناصر العمليّة التربويّة التعليميّة، فبه تُحدّد الأهداف التي تسعى العمليّة التربويّة لتحقيقها، والـمُدخلات المتنوّعة التي تًستخدم في تحقيق ذلك، والطرق والوسائل المناسبة لتمريرها للمتلقّي (الطالب)، ومن ثمَّ تُحدد أساليب التأكّد من مدى تحقّق الأهداف المرسومة. فالمنهج بهذا الوصف لا يعني فقط المقرّرات الدراسية التي تقدم للمتعلمين، وإنما يعني الخطة الكلّية التي تربط كل تلك الجزئيات في نظام كلّي محكم، يربط بالهدف المحتوى والمقررات، والطرق والوسائل والأنشطة والتقويم.

وللمنهج أثرٌ كبيرٌ في تربية الأجيال وصياغتها، وهو المحكّ الّذي يمكننا عن طريقه أن نتحكّم على اتجاهات الطلّاب وأفكارهم وولائهم، فلهذا ينبغي أن نولي اهتمامًا كبيرًا لمناهج خلاوي القرآن الكريم، وأن نحرص على صياغتها صياغةً محكمةً تتناغم مع مقاصد شريعتنا السمحاء، وقيم مجتمعنا الأصيلة.

ومما يُؤسَف له أنّ خلاوي القرآن الكريم في العالم الإسلاميّ عامّة، وفي بلدنا خاصّة، تعاني من ضعف شديدٍ في المناهج، ومن صور ضعف المنهج في خلاوي القرآن الكريم ما يأتي:

أولاً: غياب المنهجية، إذ لا يوجد في خلاوي القرآن الكريم في الغالب خطّة منهجيّة تحدّد: ماذا يُدرَس؟ وكيف يُدرَس؟ ومتى يُدرَس؟ وينشأ من هذا عشوائيّة التعليم، وضعف المخرجات، وقضاء الطالب في الخلوة وقتًا طويلا دون نتائج تُذكر. وهذه من المشكلات التي تكثر فيها شكاوى أولياء الأمور في الآونة الأخيرة.

ثانيًا: ضعف مناهج تعليم القراءة والكتابة في خلاوي القرآن الكريم، مما يتسبَّب في ضعف الطالب في القراءة والكتابة حتى بعد تقدُّمه في الحفظ.

ثالثًا: غياب المراحل الدراسيّة الّتي ينتقل فيها الطّالب من مرحلة إلى مرحلة في معظم الخلاوي، وهذا أمرٌ له تأثيراته السلبية في نفسيات الطلّاب، ويؤدّي إلى مللهم من الخلوة، وتراجع دافعيتهم نحوها.

رابعًا: عدم وجود تقويم دراسيّ يتضمّن فصولًا دراسيّةً وعطلًا رسميّةً في معظم الخلاوي؛ الأمر الذي جعل منسوبي الخلاوي القرآنيّة، تلامذةً ومعلمين، من أكثر الناس عناءً طوال العام.

خامسًا: غياب التوازن في منهجيّة التربيّة والتّعليم في الخلاوي القرآنيّة، إذ تركّز أغلب الخلاوي على الحفظ المجرّد، وتهمل جانبين مهمّين هما: جانب التزكية، وجانب تعليم الأطفال تفسير القرآن الكريم والعلوم الشرعيّة، حتى يتمكّنوا من فهم القرآن وتدبرّه، والعمل بمقتضاه.

سادسًا: ضعف مقرّرات التربية الإسلاميّة في الخلاوي القرآنيّة، وغياب الخطّة المنهجيّة في تدريسها وموازنتها مع برنامج الحفظ، وعدم وجود كتبٍ مدرسيّة مناسبة للمستوى العمري والمعرفي للطلّاب.

المبحث الرابع

الضعف الإداريّ

الإدارة ركنٌ أساسيٌّ لنجاح أي جهد بشريّ ذي أهداف محدّدة، فهي القوّة المحرّكة لجميع موارد المؤسّسة الماليّة والبشريّة والفنيّة، وهي الإشعاع الّذي يدفعها نحو الأهداف[١]، وعلى هذا، يظلُّ كلُّ عمل بشريّ عاجزًا عن تحقيق أهدافه، إذا لم تكن له إدارة واعية تقوم على رسم خططه، والإشراف عليها، ومتابعتها، وتقويمها[٢].

وتعدّ الإدارة المدرسيّة أحد أهمّ أفرع علم الإدارة؛ لكون المدرسة أحد أهمّ المؤسّسات على وجه الأرض؛ وذلك لضخامة الأعداد الملتحقة بها من فئات عمريّة مختلفة من جانب، ولدورها في تكوين الإنسان، ومستقبل أيّامه من جانبٍ آخر. وعلى هذا الأساس نستطيع القول بأنّ المدرسة أهمّ مؤسّسة على وجه الأرض؛ لما يلقى على عاتقها من المهمّات الجِسام من إعداد الأجيال، وتربيتهم، وتهيئتهم للمستقبل، وبنائهم روحيًا، ونفسيًا، وعقليًا، واجتماعيًا، وثقافيًا[٣].

---

(١) إبراهيم محمد شبانة ، الإدارة المدرسية الحديثة البعد التخطيطي والتنظيمي المعاصر، دار المعتز، عمّان، الأردن ٢٠١٥م، (ص١١).

(٢) راتب سلامة السعود، القيادة التربوية مفاهيم وآفاق، دار صفاء للنشر والتوزيع، عمّان، الأردن ٢٠١٣م، (ص١٩-٢٠).

(٣) إبراهيم محمد شبانة ، الإدارة المدرسية الحديثة البعد التخطيطي والتنظيمي المعاصر(مرجع

وتأتي الخلوة القرآنية في مقدّمة المؤسّسات التعليميّة التي تلقى على عاتقها مهمّة تربيّة الأولاد وتعليمهم في الصّومال؛ وذلك لكونها المؤسّسة التعليميّة الأكثر انتشارًا في البوادي والقرى والمدن على حدّ سواء، إذ لا يخلو مجتمعٌ سكانيٍّ في أيّ بقعة من ربوع الصومال من خلوة للقرآن الكريم، على خلاف المدرسة النظاميّة، فإنها لا توجد غالبًا في الأرياف والبوادي.

وإذا نظرنا إلى واقع الإدارة المدرسيّة في الخلاوي القرآنيّة، نجد أنّها تعاني من مشكلات عدّة تعيق عمليّة التربية والتعليم في الخلوة القرآنيّة، وفيما يلي عرضٌ لأبرز تلك المشكلات:

أولًا: عدم إلمام معظم القائمين على إدارة الخلاوي القرآنية بأساسيات علم الإدارة، على الرغم من أنّهم يديرون مجتمعًا واسعًا من التلامذة والمعلّمين وأولياء الأمور.

ثانيًا: غياب التّخطيط الإداريّ، إذ لا توجد في الغالب أهدافٌ محدَّدة يضعها مدير الخلوة أمامه، ويتابع سيرها وما تحقَّق منها، وذلك باستثناء بعض المراكز النموذجيّة في المدن الكبرى.

ثالثًا: ضعف المتابعة الإداريّة، وهي من أكبر المشكلات التي تواجهها الخلاوي القرآنية؛ وذلك لما لها من الأثر السلبيّ على

=

سابق) (ص٢٦)، ومحمد السيّد علي، موسوعة المصطلحات التربويّة، دار المسيرة للنشر والتوزيع والطباعة، عمّان الأردن ٢٠١١، (ص٢٤٥).

المخرجات التربويّة والتعليميّة، ولما تتسبّب فيه من تراجع دافعية الأفراد، وعدم اهتمامهم بالإنجاز.

ومن القصص المضحكة المبكية في آنٍ واحد، ما أخبرني به أحد الفضلاء من مشرفي الخلاوي القرآنيّة من أنَّ أحد أولياء الأمور أخبره أنه سجّل أحد أبنائه في إحدى الخلاوي القرآنيّة، وبعد شهر سأل الوالد المعلّم: كيف حال الولد؟ فقال: «هو بخير وأموره طيبة« ثم علم الوالد بأنّ الطفل لم يدرس شيئًا طوال ذلك الشهر، فأخرجه من الخلوة، وسجّله في مركزٍ آخر، دون أن يخبر المعلّم. وبعد شهر التقى الوالد بالمعلّم فسأله مرّةً ثانية: كيف حال الولد؟ فأجاب: «هو بخير وأموره طيبة»، وهذا يدلّ على ضعف الشعور بالمسؤوليّة، وغياب المتابعة.

رابعًا: لا يوجد في معظم الخلاوي مكتب إداريّ، وذلك باستثناء مراكز التحفيظ الحديثة في الحواضر، بل ربما يعتقد بعض القائمين على الخلاوي القرآنيّة أنّه لا حاجة إلى مكتب للخلوة القرآنية؛ لأنّ الخلوة في نظرهم عبارة عن غرفة فيها معلّم وطلّاب، فلا حاجة إذن لتخصيص إحدى الغرف لتكون مكتبًا، بل ينبغي استغلال كلّ الغرف بالأنشطة التعليميّة.

خامسًا: لا توجد في معظم الخلاوي سجلّاتٌ لمتابعة إنجازات الطلّاب اليوميّة، والأسبوعيّة، والشهريّة، ممّا يؤدّي إلى العشوائيّة، وضعف المخرجات.

سادسًا: هناك مشكلات في إدارة العلاقات بين إدارة المدرسة وأولياء الأمور، والمدارس في ذلك غالبًا بين طرفين: طرف يتشدّد على أولياء الأمور ولا يشاورهم، ولا يستمع إلى آرائهم ومقترحاتهم، من منطلق أنه لا يحقُّ لهم التدخّل في البرنامج الذي وضعته الخلوة للطّفل. والطّرف الثاني طرفٌ تجرُّه آراء أولياء الأمور يمنةً ويسرة، فتجده يسير مع كلّ طالبٍ وفق ما يمليه عليه والداه، ولو كان مجانبًا للمنهجيّة. وفي كلا الطرفين مشكلات ينبغي معالجتها سيأتي تفصيلها في المبحث الثالث بمشيئة الله.

سابعًا: غياب دور الإشراف التربويّ، وحتى على مستوى المدارس والمراكز القرآنية التي تتألّف من عددٍ من الحلقات، فإنها تكتفي في الغالب بمدير للمركز، وهو المؤسّس في الغالب، وعددٍ من المعلّمين يعملون تحت إدارته فحسب، وذلك على الرّغم من أهميّة الإشراف التربويّ، واختلاف مهام المشرف التربويّ من مهام المدير.

ثامنًا: غياب الرّوابط والجمعيات القرآنية، ومن أسوأ انعكاساته في الميدان ضعف التنسيق، وغياب المنهج الموحّد، وعدم وجود تقويم زمنيّ موحّد للخلاوي القرآنيّة، كما هو الحال في المدارس النظاميّة.

المبحث الخامس

مشكلات البيئة التعليميّة «البيئة المدرسيّة»

يقصد بـ(البيئة المدرسيّة) كلّ ما يحيط بالمدرسة، وتشمل التجهيزات، من فصول، وقاعات، وأدوات، ومرافق أخرى، وتشمل كذلك الأنشطة الّتي تمارس في المدرسة، والعلاقات الاجتماعيّة فيها، سواء بين الطلبة، أو بين الطّلبة والمعلّمين، أو بين الطّلبة والإدارة (١) . وعلى هذا، فإنّ البيئة المدرسيّة تشمل كافّة الأماكن، والمواقف، والعلاقات التي تحيط ببيئة التعلّم، ويمكن تقسيمها إلى أربعة مجالات هي: (٢)

- **البيئة المادّيّة:** وتشمل الصفوف الدراسيّة، والمرافق المختلفة، والتّجهيزات المختلفة.

- **البيئة التربويّة التعليميّة:** وتشمل كافّة المدخلات التعليميّة والتربويّة، والمنهج الدراسيّ، والمقرّرات، والأدوات التعليمية، وأساليب التقويم، وطرق التدريس ونحوها.

- **البيئة الاجتماعيّة:** وتشمل جميع أنواع التّفاعل الاجتماعيّ في البيئة التعليميّة، بين الطلّاب أنفسهم، أو بين الطلّاب والمعلّمين، أو

---

(١) وزارة التربية والتعليم العالي بالسلطة الفلسطينية، دليل البيئة المدرسية ٢٠١٤م، (ص١٧).

(٢) علي راشد، أثر بيئة التعلم، دار الفكر العربي القاهرة ٢٠٠٦م، (ص١٥) وما بعدها.

بين الطلّاب والإدارة.

- **البيئة التعليميّة الخارجيّة:** وتتمثّل في الزّيارات الميدانيّة لتعزيز التعليم، والرّحلات الطلابيّة، وأنواع النشاط المدرسيّ الذي يُمارس خارج المدرسة.

وقد أثبتت الدراسات العلمية أنّ للبيئة التعليميّة بجانبيها المادّيّ والمعنويّ -أثرًا في التّحصيل العلميّ، والهدوء النفسيّ عند التّلاميذ[(١)].

وهذا يتطابق مع قوله ﷺ عن أثر البيئة بنوعيها المادّيّة والمعنويّة على سعادة الإنسان وشقائه «**أربعٌ من السعادةِ: المرأةُ الصالحةُ، والمسكنُ الواسعُ، والجارُ الصالحُ، والمركبُ الهنيءُ. وأربعٌ من الشّقاءِ: الجارُ السوءُ، والمرأةُ السوءُ، والمركبُ السوءُ، والمسكنُ الضّيّقُ**»[(٢)].

هذا عن البيئة المدرسيّة بشكل عام، أمّا إذا نظرنا إلى واقع بيئة التعليم في خلاوي القرآن الكريم في بلادنا، فإنّنا نجد أنها تعاني من مشكلات عدّة، وفيما يلي عرضٌ موجزٌ لأبرزها:

---

(١) علي راشد، أثر بيئة التعلم (مرجع سابق) (ص١٨، و٥٠) وما بعدها، وعمر عبد الرحمن نصر الله، تدني التحصيل والإنجاز المدرسي (مرجع سابق) (ص١٤٣)، وعماد بن سيف بن عبد الرحمن العبد اللطيف، أثر الحلقات القرآنية على التحصيل الدراسيّ والقيم الخلقيّة، دار التفسير جدة ٢٠١٤م، (ص٨٧).

(٢) رواه ابن حبان، رقم الحديث (٢٥٧٦)، والحديث صحيح صحّحه الألباني في صحيح الترغيب والترهيب.

أولا: المشكلات المتعلّقة بالبيئة المكانيّة والتجهيزات: و نوجزها في الآتي:

١- تتمركز معظم الخلاوي القرآنية - في أماكن غير لائقة في الأزقة الضيّقة بين المنازل، وهي في الغالب عبارة عن غرف صغيرة مكوَّنة من الأخشاب والألواح المعدنيّة. وهذا أمر يؤثّر سلبًا على نفسيّة الطالب، وتصوّره عن الخلوة القرآنيّة، ودافعيته نحو تحفيظ القرآن؛ لا سيّما أنّه يرى المدارس النظاميّة في بنايات مناسبة.

ويستثنى من ذلك المراكز الحديثة في المدن الكبرى التي يطلق عليها (مراكز تحفيظ القرآن الكريم) فإنّها تتمركز في الغالب في بنايات، أو شقق في عمارات.

٢- اكتظاظ الغرف بالطلّاب، بحيث يجلس في الغرفة الواحدة عددٌ كبيرٌ من الطلاب قد يتجاوز الخمسين، وهذا يؤدّي إلى الضّيق والانزعاج النفسيّ.

٣- عدم وجود مراوح في الفصول في الغالب، وذلك مع ارتفاع درجة الحرارة وازدحام الفصول بالطلاب، مما يؤدّي إلى الضيق النفسيّ الذي يؤثّر على أمزجة الطلاب وقابليتهم على التعلّم. وقد أثبتت الدّراسات العلميّة أن ضبط درجة الحرارة على نحو مناسبٍ مريح يساعد الطلاب في التعلّم والتركيز، بينما يصاب التّلميذ بالخمول والكسل، إذا كانت درجة حرارة الصّف الدراسيّ غير مناسبة [(١)].

(١) علي راشد، أثر بيئة التعلم (مرجع سابق) (ص٥٦).

٤- تدنّي مستوى النظافة العامّة في كثيرٍ من الخلاوي القرآنيّة، نظرًا لضيق المكان، وازدحامه بالطلّاب.

٥- افتقار معظم الخلاوي إلى التجهيزات الأساسية كالكراسي، والطّاولات، وجلوس الطلّاب على البِساط فترة طويلة، مما يتسبّب في الإعياء والإرهاق وضعف التركيز.

٦- بعض الخلاوي في المدن الكبرى تتوافر لديها غرفٌ مناسبة، وبنايات جميلة؛ ولكنها تفتقر إلى جماليات الصف الدّراسي، فتجد جدران الصفوف بيضاء مُجْدِبة، مع أنّه كان بالإمكان أن يزيّنوا جدران الغرف باللّوحات الجميلة، والملصقات الهادفة، والألوان الخلّابة المتناسقة، مع العلم بأنّها لا تكلّف كثيرًا من المال؛ على الرّغم من أثرها الإيجابي في نفسيات الطلّاب، وتحصيلهم العلمي، وما يمكن أن يُغرس من خلالها من القيم والمبادئ والأفكار.

ثانيًا: المشكلات المتعلّقة بالعلاقات الاجتماعيّة في بيئة الخلوة القرآنية:

ذكرنا آنفًا أن العلاقات الاجتماعيّة في الخلوة القرآنيّة قائمة في الغالب على العنف، وهو أمر متوارث أصبح جزءًا لا يتجزّأ من الخلوة القرآنيّة، حتى أصبح من يأتي بخلافه من التودّد إلى الطلّاب، وتربيتهم بالحبّ مخالفًا للمتواتر المألوف!

وليس المعلّمون في هذا بدعًا من قومهم، بل هم جزءٌ من هذه الثقافة البدوية التي تختزل التربية في الضرب والعنف، ولهذا كان من

أهمّ بنود الميثاق بين المعلمين وأولياء الأمور عند تسجيل الأبناء في خلاوي القرآن الكريم (لك اللحم ولي العظم) إشارة إلى إعطاء المعلّم الضوء الأخضر في ضرب الطفل، بشرط ألا يصل إلى كسر العظم، فإنّ ذلك لا يحق له.

وخلاصة القول أنّ العلاقات الاجتماعية في بيئة التعليم في خلاوي القرآن علاقات قائمة في الغالب على العنف والشدّة، فهي بهذا بيئة طاردة، وليست بيئة جاذبة تستهوي الطلبة وتشوّقهم، وتأسر قلوبهم. وهذا لا يمنع من وجود مدارس تنتهج غير ذلك، ومعلّمين يربّون تلامذتهم بالحبّ، والعطف، وإدارات تهتمّ بتحدّي هذه الثّقافة المتوارثة، بل هو أمرٌ لوحظت إرهاصاته في الآونة الأخيرة في المدارس النموذجيّة في المدن الكبرى.

❁ ❁ ❁

المبحث السّادس

ضعف التقويم التربويّ

عُرّف التقويم التربويّ بأنه: **عمليّة تقرير قيمة الشيء أو كمّيته، بهدف الحكم الموضوعيّ عليه، وتحسينه وتطويره**(١).

ويأتي التقويم التربويّ في مقدّمة الأركان الأساسيّة للعمليّة التعليميّة، فهو الذي يضمن استمراريتها وإنعاشها، ويثير الحماس لدى الدارسين ويدفعهم نحو التحصيل والإنجاز.

وتكمنُ أهمّية التقويم التربويّ علاوة على ما ذكر في أنّه يحقق أهدافًا كثيرةً منها: التأكّد من مدى تحقُّقِ الأهداف، والكشف عن جوانب القوّة لتعزيزها، وجوانب الضّعف لعلاجها، وإعطاء تغذية راجعة لأولياء أمور الطلبة، والتطوير المهنيّ للمدرّسين؛ وذلك لما يوفّر لهم من التّغذية الرّاجعة التي تمكّنهم من وضع إنتاجاتهم في الميزان، وغيرها من الأهداف التربوية(٢).

---

(١) حسن شحاتة وزينب النجار، معجم المصطلحات التربوية والنفسية، الدار المصريّة اللبنانيّة، القاهرة ٢٠٠٣م، (ص ١٣٠).

(٢) لمزيد من التفصيل راجع: أنور عقل، تطوير تقويم أداء الطالب، دار النهضة العربية بيروت لبنان ٢٠٠٢م، (ص ٢٢ و٣٥)، وفؤاد محمد موسى، المناهج مفهومها أسسها عناصرها تنظيمها، =

أمّا عن واقع التقويم التربويّ في خلاوي القرآن الكريم في الصّومال، فلعلّ من نافلة القول الإشارة إلى أنّه شبه غائبٍ من ساحاتها، فليس هناك ما يمكن أن يطلق عليه بأنّه تقويم تربويّ منظّم، بل توجد فقط بعض العناصر التي تدخل في التّقويم التربويّ، كالمراجعة الفرديّة، والمراجعة الجماعيّة (سبُع)، وإعداد بعض الطّلاّب للمشاركة في المسابقات وغيرها من العناصر المتناثرة. وفيما يلي بعض النماذج من صور وانعكاسات ضعف التقويم التربويّ في خلاوي القرآن الكريم:

أولًا: لا توجد في معظم الخلاوي أهداف محدّدة، ومقررات تعطى للمعلّمين لإنجازها في وقت محدّد، كما هو متّبعٌ في التعليم النظاميّ.

ثانيًا: غياب الامتحانات الشهريّة والفصليّة، واعتماد التّعليم في الخلاوي على الطّريقة التقليدية القائمة على تسميع الدّرس الجديد، وقراءة المراجعة على الشيخ، حتى يختم الطالب القرآن.

ثالثًا: ينشأ عن غياب التّقويم المستمرّ، والاختبارات الشهريّة، والفصليّة، استفحال المشكلات التربويّة، واستمرارها وقتًا طويلًا دون معالجتها؛ مما يؤدّي في النهاية إلى الفشل، ومواجهة الحقيقة المرّة،

=

جامعة المنصورة، ٢٠٠٢م، (ص٣٣٢)، وسامي محمد ملحم، القياس والتقويم في التربية وعلم النفس دار المسيرة للنشر والتوزيع والطباعة، عمّان الأردن ٢٠١٧م، (ص٤٠) وما بعدها.

والنّدم حين لا ينفع النّدم، ويؤدّي كذلك إلى إحباط أولياء أمور الطّلبة، وشكّهم في مدى جدّية القائمين على الخلاوي القرآنيّة.

رابعًا: ينشأ من غياب الاختبارات والسير على النظام التقليديّ المفتوح خمول المدرّسين والطلاب معًا. وقد أثبتت الدراسات أنّ للاختبارات دورًا مهمًّا في إثارة حماس منسوبي الميدان التعليميّ معلّمين وطلّابًا، وفي المقابل أثبتت التجارب بأنّ الطلاب يهملون العناصر والمفردات الدراسيّة التي لا تدخل في الاختبارات، ولو كانت من الأمور التي تناسب ميولهم ومواهبهم[١].

❁ ❁ ❁

(١) سامي محمد ملحم، القياس والتقويم في التربية وعلم النفس (مرجع سابق) (ص٤٦)، وأنور عقل، تطوير تقويم أداء الطالب (مرجع سابق) (ص٣٥).

المبحث السّابع

ضعف المخرجات

يعدُّ ضعف المخرجات من أكبر المشكلات التي تواجهها خلاوي القرآن الكريم في الصّومال؛ وذلك لكون المخرجات التعليمية والتربوية المحكّ الرئيسي في تقييم المؤسّسات التعليميّة والحكم عليها. وقد برزت الشكوى عنها إلى السّطح في الآونة الأخيرة من قبل شرائح المراقبين المختلفة، من أولياء الأمور، والمهتمّين، والرأي العام الذي يلعب دوره في الشهادة على الواقع بجميع متغيّراته.

ومن أبرز مظاهر ضعف مخرجات الخلاوي القرآنية التي تكثر فيها الشكوى ما يأتي:

أولا: ضعف الطلّاب في القراءة والكتابة: وهي ظاهرة واسعة الانتشار في الخلاوي والمدارس القرآنيّة لا سيّما في المدن، إذ أصبح من المألوف أن تجد شريحةً كبيرةً من الطلّاب وصلوا في الحفظ إلى منتصف القرآن، ولا يزالون يجدون صعوبات كبيرة في القراءة والكتابة، بل ربما تجد فيهم من ختم القرآن ولا يستطيع القراءة من المصحف إلا بصعوبة بالغة، ناهيك عن الكتابة. وهذه ظاهرة جديدة لم تكن

مألوفة في ساحة الخلاوي القرآنية الصومالية من قبل.

ثانيًا: ضعف الطلّاب في مراجعة محفوظاتهم السّابقة، وتحوُّل التركيز إلى الختم بدل إتقان الحفظ. ومما مرّ بي في هذا أن أحد الأقارب طلب مني ذات ليلة أن أمتحن أبناءه في القرآن ليطمئنّ على مستواهم، وكانت المفاجأة أن الابن البكر البالغ من العمر (١٤) عامًا والّذي كان في سورة (المائدة) لم يستطع أن يقرأ من المصحف، ناهيك عن الحفظ والإتقان. ثم سألت طفلًا آخر كان حفظه في (الذّاريات) أن يقرأ سورة (الواقعة) من المصحف، وتعمّدت ذلك تسهيلًا عليه بما أنه مرّ عليها قريبًا، ولكن كانت المفاجأة أنّه لم يستطيع قراءتها من المصحف!

ثالثًا: اللّحن في القرآن وهو تبعٌ للضّعف في القراءة والكتابة، والضّعف في مراجعة المحفوظات السّابقة.

رابعًا: ضعف الطلّاب في أساسيات التربية الإسلاميّة، واقتصار الجهد في كثير من الخلاوي على التحفيظ المجرّد، دون تعليم التفسير وأساسيات التربية الإسلاميّة. وهذا منتشرٌ بشكل خاصّ في الخلاوي التقليديّة التي يُطلق عليها (الدكسي).

خامسًا: ضعف المخرجات التربويّة، وانقطاع علاقة شريحة كبيرة من طلّاب التحفيظ مع القرآن بعد ختمهم للقرآن الكريم ومغادرتهم

للخلوة. وهذه ظاهرة مقلقة كثرت الشكوى عنها في أوساط المهتمّين بخلاوي القرآن الكريم.

أمّا عن أسباب ضعف المخرجات التعليميّة للخلاوي القرآنيّة، فلا شكّ أنّها تعود إلى جوانب ضعف المنهجيّة التعليميّة التي تناولناها في المباحث السابقة، وذلك بداية من ضعف الإعداد التربويّ للمعلّمين، ومرورًا بضعف المناهج، وضعف الإدارة المدرسيّة، ومشكلات بيئة التّعليم، ووصولًا إلى ضعف التقويم التربويّ.

ومن العوامل المؤثّرة في ضعف المخرجات التربوية ما يأتي:

١. تَحوُّل دراسة القرآن وحفظه عند الكثيرين إلى مرحلة تقليدية شكلية يمرُّ عليها الأطفال، هدفها ختم القرآن، وتقليد الطفل اسم (الخاتم) ليكون بذلك قد تحلّل من الخلوة، وليشعر بذلك وليّ أمر الطالب بأنّه أدَّى واجبه نحو طفله بما أنه ختم القرآن ومرّ على هذه المرحلة التقليدية، وترتَّب على ذلك عدم الاهتمام بالمخرجات، والإسراع نحو الختم، ولو كان على حساب جودة المخرجات.

٢. عدم وضوح الرؤية المستقبلية لما بعد التحفيظ والنتائج العملية لحفظ القرآن لدى طلاب الخلاوي القرآنية.

٣. انصراف التركيز إلى الحفظ دون التربية سواء من القائمين على

الخلوة، أو من أولياء الأمور. فبالنّسبة لأولياء الأمور، تجد وليّ الأمر قلقًا إذا لم يُسمّع الطفل الدرس الجديد، ويتّصل بالمعلّم، ويعود إليه مرارًا وتكرارًا، بينما قلّ أن تجد من يسأل عن مدى فهم الطّالب لتفسير القرآن، ومدى تأثير القرآن في سلوكه وأخلاقه.

وبالنسبة للمعلّمين، نجد أن تركيز شريحة كبيرة منهم منصبٌّ على التحفيظ المجرّد، ولهذا تجد المعلّم مهمومًا قلقًا إذا لم يُسمّع الطّالب الدّرس الجديد، بينما لا تجده يفكّر في مدى تأثّر الطّالب بما تعلّم، وبما حفظ، ولا تجده يفكّر في استحداث استراتيجيات جديدة لتحبيب القرآن للطّفل، وتربيته على خُلق القرآن.

الفصل الثالث

الحلول المقترحة لحل مشكلات خلاوي القرآن الكريم في الصومال

المبحث الأول: مقترحات تحسين تأهيل المعلّمين

المبحث الثّاني: مقترحات حلّ المشكلات التربويّة

المبحث الثّالث: مقترحات تطوير المنهج

المبحث الرّابع: مقترحات تطوير إدارة الخلوة القرآنيّة

المبحث الخامس: مقترحات حلّ مشكلات البيئة المدرسيّة

المبحث السّادس: مقترحات تطوير التّقويم التربويّ

المبحث السّابع: مقترحات حلّ مشكلة ضعف المخرجات

المبحث الأول

مقترحات تحسين تأهيل المعلمين

لعلّ من المهمّ أن نذكّر المعلّمين أولًا- ونحن في صدد الحديث عن تحسين أوضاع تأهيل معلمي القرآن الكريم -أن يحرصوا على تطوير أنفسهم بالتدريب والتعليم المستمرّ؛ لتتحقّق لهم الخيرية التي توّجهم بها رسول الله ﷺ في قوله: «**خَيرُكمْ مَنْ تَعَلَّمَ القُرْآنَ وَعَلَّمَهُ**»[(١)].

والخيريّة في نصّ هذا الحديث كما أشار إليه أهل العلم منوطة بثلاثة شرائط هي: (التعلّم، والتعليم، والعمل). فخير هذه الأمّة من جمع بين حفظ القرآن، وتعلّمه، والعمل به، ثم يعلّمه لغيره من المسلمين، فهو كما قاله الإمام ابن حجر العسقلانيّ رَحِمَهُ ٱللَّهُ: مكمّلٌ لنفسه ولغيره، جامعُ بين النفع القاصر بما يشتمل عليه من الإتقان، والحفظ، والتعهّد، والعمل، وبين النفع المتعدّي إلى الآخرين بتعليمهم كلام الله[(٢)] ثم قال رَحِمَهُ ٱللَّهُ: «**فإنّ قيل: فيلزم على هذا أن يكون المقرئ أفضل من الفقيه قلنا: لا، لأن المخاطبين بذلك كانوا فقهاء النفوس، لأنّهم كانوا أهل اللّسان، فكانوا يدرون معاني القرآن بالسليقة**

---

(١) محمد بن إسماعيل البخاري، الجامع الصحيح رقم الحديث (٥٠٢٧).

(٢) ابن حجر العسقلاني، فتح الباري في شرح صحيح البخاري، ت: شعيب أرناؤوط وعادل مرشد، دار الرسالة دمشق سوريا ٢٠١٣م، (١٥/ ١٥٢).

أكثر ممّا يدريها من بعدهم بالاكتساب، فكان الفقه لهم سجيّة، فمن كان في مثل شأنهم شاركهم في ذلك، لا من كان قارئًا أو مقرئًا محضًا لا يفهم شيئًا من معاني ما يقرؤه، أو يُقرئه»، ثم قال: «..وكيفما كان فهو مخصوصٌ بمن علَّم، وتعلَّم، بحيث يكون قد علم ما يجب عليه عينًا»(١).

وخلاصة هذا الكلام: أن التعلّم حجر الأساس لحصول الخيريّة، إذ لا يمكن أن يُتجاوز إلى الشقّ الآخر المتعدّي إلى الغير إلا بعد تحقيق الشقّ الأول؛ وذلك لئلّا يقع في القول على الله بغير علم، لاسيّما أنّ اللّحن في القرآن منه ما يغيّر المعنى، فيصرف كلام الله إلى غير مراده.

وعلى هذا، ينبغي لمعلّم القرآن أن يحرص على تطوير مستواه العلميّ، سواء فيما يتعلّق بتقوية حفظه، والمداومة على ورده القرآنيّ، أو فيما يتعلّق بتطوير أدائه وتَتَلمُذِه على يد العلماء المتقنين، وعَرْضِ القرآن عليهم، أو فيما يتعلّق بتزوّده من العلوم الشرعيّة التي لا يسع المعلّم والدّاعية جهلها، وذلك ليؤدّي دوره الرسّالي بأكمل وجه.

ولا ينبغي للمعلّم أن يُفَوّت عليه هذه الخيريّة، وهو قادرٌ على أن يكمل نفسه، فيكون نافعًا لنفسه ولغيره، قائمًا على نشر كلام الله على علم وبصيرة. قال تعالى آمرًا نبيّه ﷺ: ﴿قُلْ هَٰذِهِۦ سَبِيلِىٓ أَدْعُوٓا۟ إِلَى ٱللَّهِ ۚ عَلَىٰ بَصِيرَةٍ أَنَا۠ وَمَنِ ٱتَّبَعَنِى ۖ وَسُبْحَٰنَ ٱللَّهِ وَمَآ أَنَا۠ مِنَ ٱلْمُشْرِكِينَ﴾ [يوسف:١٠٨].

وقد أحسن المتنبّي رَحِمَهُ ٱللَّهُ حين قال عمّن لا يُكمل نفسه وهو قادرٌ

---

(١) ابن حجر العسقلاني، فتح الباري في شرح صحيح البخاري (مرجع سابق) (١٥/ ١٥٣).

على إكمالها:

عَجِبتُ لِمَن لَهُ قَدٌّ وَحَدٌّ   وَيَنبُو نَبوَةَ القَضِمِ الكَهامِ(١)

وَمَن يَجِدُ الطَريقَ إِلىٰ المَعالي   فَلا يَذَرُ المَطِيَّ بِلا سَنامِ(٢)

وَلم أرَ في عُيُوبِ النّاسِ عيبًا   كعجزِ القادِرِينَ علىٰ التّمَامِ(٣)

وجديرٌ بالإشادة والتنويه ونحن في صدد الحديث عن تأهيل معلّمي القرآن الكريم في الصّومال-دور معاهد التّصحيح والإقراء التي انتشرت مؤخرًا في المدن الكبرى، وأقبلت عليها شريحة كبيرة من معلّمي القرآن الكريم، فانتظموا في صفوفها، لتلقي دوراتٍ في تصحيح القراءة، ودراسة متون التجويد، وعرض الرّوايات على العلماء المجازين في تلك المراكز للحصول على سندٍ متّصل في القرآن الكريم. وقد انتفعت بها-بفضل الله- شريحة واسعة من معلّمي القرآن الكريم. وهذا أمر مبشّرٌ ينبغي الإشادة به وتشجيع القائمين عليه.

---

(١) القدّ: القامة، والحدّ: البأس. وينبو السيف: يضعف عن الضّرب. والقضِم من السيف: ما تكسّر حدّه. والكهام: الذي لا يقطع، يقول: عجبت لمن له قدّ الرجال، وحدّ النصال ثم لا ينفذ في الأمور ولا يكون ماضيًا. انظر ديوان المتنبي، دار بيروت للطباعة والنشر ١٩٨٣م، (ص٤٨٣).

(٢) يقول: عجبت ممن يجد الطريق إلى المعالي فلا يسير إليها، ولا يقطع إليها الطريق، ولايُتعب مطاياه في ذلك الطريق،حتى تذهب أسنمتها.

(٣) يقول: ولا عيب أبلغ من عيب من قدر أن يكون كاملًا في الفضل فلم يفعل، أي لا عذر له في ترك الكمال، إذا قدر على ذلك ثم تركه، والعيب ألزم له من الناقص الذي لا يقدر على الكمال أصلًا.

وفيما يلي عرض لبعض المقترحات في تحسين أوضاع تأهيل معلمي القرآن الكريم، ونجملها في خمسة نقاط هي:

أولًا: تطوير معاهد الإقراء والتّصحيح، وذلك بعقد حلقات نقاشيّة تشاوريّة فيما بينها لتطوير أدائها وتقويم أعمالها.

ثانيًا: نوصي القائمين على معاهد الإقراء بأن يضيفوا إلى برامجهم بعض مقرّرات التربيّة، مثل: طرق التدريس، وعلم النفس التربويّ، والإدارة التربويّة ونحوها من المقرّرات؛ وذلك ليعمّ نفعهم، وليجمعوا بين التأهيل العلميّ، والتأهيل التربوي للمعلّمين.

ثالثًا: فتح معاهد لإعداد معلّمي القرآن الكريم تجمع بين التّأهيل العلميّ، والتّأهيل التربويّ. ونقترح على الجامعات الإسلاميّة أن يكون لها دور المبادرة في فتح معاهد وأقسام لإعداد معلّمي القرآن الكريم، وهي بدون شكّ تجربة ناجحة سيكون لها روّادٌ كُثُر؛ وذلك لكثرة معلّمي القرآن الكريم في بلادنا، وتزايد إقبالهم على تكوين أنفسهم وتطوير مستواهم العلميّ في الآونة الأخيرة.

وممّا تجدر الإشادة به - في هذا الصدد - التجربة الفريدة التي قامت بها (جامعة النجاح) في مدينة (برعو)، إذ فتحت برنامجًا أكاديميًا بدرجة (الدّبلوم) لإعداد معلّمي القرآن الكريم. ويشتمل المنهج على الإعداد العلميّ المتمثّل بالتصحيح، ودراسة متون التجويد والقراءات من جانب، والإعداد التربوي المتمثّل بدراسة مقرّرات في التربية،

وطرق التدريس ونحوها من جانبٍ آخر.

وقد استفاد من البرنامج -بفضل الله- عددٌ كبيرٌ من معلّمي القرآن الكريم في (برعو) وتخرّج فيه إلى الآن (٣٢٤) معلّمًا ومعلّمةً التحق بعضهم بكلية القرآن الكريم في الجامعة. وطبّق البرنامج كذلك في بعض الجامعات في مدينة (هرجيسا)، واستفاد منه عدد من معلّمي القرآن الكريم[١]

رابعًا: تقوية دور الجمعيات القرآنيّة، وتطوير برامجها وخططها، والخدمات التي تقدّمها للمدارس الأعضاء؛ إذ لا ينبغي أن يكون دور الجمعيات القرآنيّة مقتصرًا على عقد المسابقات القرآنيّة السّنويّة على أهمّيتها؛ بل ينبغي أن يشمل برامج إستراتيجية نحو: تدريب المعلّمين، وتطوير المنهج وتوحيده، واستحداث استراتيجيات جديدة لتطوير المدارس القرآنية وتجويد مخرجاتها، واستشراف مستقبلٍ أفضلٍ لها، وغيرها من البرامج والخطط التطويريّة.

خامسًا: ينبغي لوزارة الأوقاف، والإدارات المحليّة للشّؤون الإسلاميّة في الولايات أن تأخذ دورها في ترشيد الخلاوي القرآنيّة وتطويرها، وذلك من خلال تشجيع الجمعيات القرآنيّة، ودعم المؤتمرات العلميّة والحلقات النقاشيّة حول تطوير الخلاوي القرآنيّة، ووضع اللّوائح اللّازمة لتنظيم عمل الخلاوي بما يخدم تطويرها وتحسين مخرجاتها؛

---

(١) عبد الفتاح إسماعيل، عميد كلّية القرآن بجامعة برعو (مقابلة عبر الهاتف ٢ سبتمبر ٢٠٢٣م).

وذلك بالتعاون مع العلماء، والمختصّين، والجمعيات القرآنيّة.

سادسًا: إنشاء حلقات علميّة لمعلّمي القرآن الكريم تقام في عطلة نهاية الأسبوع، تُدرَّس فيها العلوم الشرعيّة والعربيّة، وفق ترتيب مناسبٍ يراعى فيه التدرّج.

وممّا تجدر الإشارة إليه في هذا الصّدد تجربة الحلقات الشرعيّة في مدينة (قاريسا) في كينيا، وهي عبارة عن حلقات شرعيّة مكثّفة تُقام يومي (الخميس والجمعة) لمعلّمي القرآن وطلبة العلم غير المتفرّغين؛ لإعطائهم فرصة تكوين أنفسهم وهم على رأس أعمالهم، وهي تشبه من هذه الناحية برامج تدريب المعلّمين أثناء الخدمة، وهي: «البرامج التدريبية التي تُتاح للمعلّمين وهم على رأس أعمالهم، بهدف تنمية معارفهم ومهاراتهم، وتطوير أدائهم المهنيّ»(١).

ولقد أحسن الناظم عبد الباري بن عبد الرحمن العلميّ في منظومته **(التنبّه فيما علىٰ المعلّم من التفقّه)** إذ جمع الشروط المطلوبة من معلّم القرآن في جانبي: الإعداد العلميّ والتربويّ في أبيات لطيفة قال فيها(٢)

---

(١) حسن شحاته وزينب النجار، معجم المصطلحات التربوية والنفسية، الدار المصرية اللبنانية، القاهرة ٢٠٠٣م، (ص٩٥).

(٢) عبد الباري بن عبد الرحمن العلميّ، منظومة التنبّه فيما على المعلّم من التفقّه (مرجعٌ سابق) (ص١٢-١٣).

والجهل ظهور كلّ بليّة فأَمِطْ لثام الجهل عن أنظار
وبقدر زاد العلم عند معلّمٍ يُعطي الثّمار بَدارِ صَاحِ بَدارِ
هذا ويلزم نطقُه بسلامةٍ للحرف في ميزانه المختار
ولذاك أفتىٰ معشرٌ أنّ الّذي لا يُحسن النطق الصوابَ الساري
أَيْ لم يُصحّح نطقَه من عُجمةٍ سُحْتٌ عليه المالُ مع أوزاري
وَلْيُعنَ بالنظريّ أيضًا مثلَه ليكون حجتَهُ لدىٰ الإنكارِ
حَصِّلْ قواعد كلّ فنٍ نافعٍ كالفقه والتفسير والآثار
هذا ويَقْبُحُ جهلُه لغة النبيّ أنّىٰ التدبّر دون فهم القاري
فهي الوعاء لِدِيننا فاظفر بها تلقَ الشريعة سلسبيلًا جارِي
وطرائقَ التدريس أَوْلِ عنايَةً وأصولَ تربيةٍ لنفع صغارِ
كثُرَ التصدّر وادّعاءُ تأهّلٍ فإذا بَلَوْتَ فمعظمٌ كغُبارِ

❁ ❁ ❁

المبحث الثاني

مقترحات حلّ المشكلات التربويّة

تناولنا في المبحث الثاني من هذه الدّراسة أربعة من أبرز المشكلات التربوية في الخلاوي القرآنية، وهي بالترتيب: (العنف التربوي، وعدم مراعاة الفروق الفردية، وغياب التّحفيز، والتسرّب الدّراسيّ)، وخصّصنا هذه المشكلات الأربعة بالذكر؛ كونها مشكلات كلّية تندرج تحتها العديد من المشكلات الفرعيّة، وفيما يأتي مقترحٌ لعلاج تلك المشكلات:

أولا: مقترحات حلّ مشكلة العنف التربويّ:

١- ينبغي للمربّين والمعلّمين أن يراجعوا سيرة المعلّم الأوّل ﷺ، ويتأمّلوا الأساليب التي استخدمها في تربية أصحابه، تلك التّربية المتينة التي تركت فيهم ذلك الأثر العميق الّذي دفع الواحد منهم لأن يقول وهو مصلوب على الخشبة للقتل: «والله ما أحب أني بين أهلي، ومحمدٌ ﷺ في المكان الذي هو فيه تشوكه شوكة»، حتى قال أبو سفيان بن حرب رضي الله عنه قبل إسلامه معبرًا عن دهشته بقوّة تأثير التّربية النبويّة في الصّحابة: (ما رأيت أحدًا يحبّ أحدًا كحبّ أصحاب محمد محمدًا)(١)

---

(١) ابن هشام، السيرة النبوية، ت مصطفى السقا وآخرون، طبعة مصطفى البابي الحلبي وأولاده، القاهرة ١٩٥٥م، (٤/١٢٦).

إنّ السّيرة النبويّة تسطّر لنا مواقف عديدة تؤكّد أنّ النبي ﷺ لم يبلغ إلى هذا المبلغ العظيم من التأثير في نفوس الصحابة بالتّخويف والعنف والضّرب، وإنما وصل إليه بأخلاقه السّامية، ورحمته، ورفقه بمن يربيه، فهو كما وصفه ربه ﷻ في قوله: ﴿لَقَدْ جَآءَكُمْ رَسُولٌ مِّنْ أَنفُسِكُمْ عَزِيزٌ عَلَيْهِ مَا عَنِتُّمْ حَرِيصٌ عَلَيْكُم بِٱلْمُؤْمِنِينَ رَءُوفٌ رَّحِيمٌ﴾ [التوبة:١٢٨]، وتقول عائشة رَضِيَ اللَّهُ عَنْهَا وهي تصوّر لنا نوعية تربيته ﷺ وبُعده عن العنف: «**ما ضَرَبَ رَسولُ اللهِ ﷺ شيئًا قَطُّ بيَدِهِ، وَلَا امْرَأَةً، وَلَا خَادِمًا؛ إِلَّا أَنْ يُجَاهِدَ في سَبيلِ اللهِ، وَما نِيلَ منه شَيءٌ قَطُّ، فَيَنْتَقِمَ مِن صَاحِبِهِ؛ إِلَّا أَنْ يُنْتَهَكَ شَيءٌ مِن مَحَارِمِ اللهِ، فَيَنْتَقِمَ لِلَّهِ ﷻ**»(١).

٢- تؤكّد أدبيات التّربية الحديثة على أنّ العلاقة الإيجابيّة بين المربّي والمتربّي، تشكّل ٧٠٪ من عملية التّربية، بينما تتوزّع النسبة الباقية (٣٠٪) على بقيّة العناصر(٢)، وهذا يوافق السّنّة الربّانيّة التّي أكّد عليها القرآن الكريم في سياق حديثه عن التّربية النبويّة، قال تعالى: ﴿فَبِمَا رَحْمَةٍ مِّنَ ٱللَّهِ لِنتَ لَهُمْ ۖ وَلَوْ كُنتَ فَظًّا غَلِيظَ ٱلْقَلْبِ لَٱنفَضُّوا۟ مِنْ حَوْلِكَ ۖ فَٱعْفُ عَنْهُمْ وَٱسْتَغْفِرْ لَهُمْ وَشَاوِرْهُمْ فِى ٱلْأَمْرِ ۖ فَإِذَا عَزَمْتَ فَتَوَكَّلْ عَلَى ٱللَّهِ ۚ إِنَّ ٱللَّهَ يُحِبُّ ٱلْمُتَوَكِّلِينَ﴾ [آل عمران:١٥٩]، فالآية هنا تقرّر سنّةً كونيّةً في التّربية

---

(١) أخرجه مسلم برقم (٢٣٢٨).

(٢) مصطفى أبو سعد، تعديل سلوك الطفل في تسعة أسابيع، المطبعة الألمانية في الكويت ٢٠٢١م، (ص١٥).

مفادها: أنّ العلاقة المبنيّة على الغلظة والفظاظة لا تورث إلّا كراهة المتربّي للمربّي ونفوره عنه، بينما تورث التّربية القائمة على الليّن، والرّحمة، والعلاقة الإيجابيّة-محبّة المتربّي للمربّي وطاعته لتعليماته.

وعليه، ينبغي لنا معاشر المعلّمين والمربّين أن نحرص على تربية تلامذتنا بالحبّ والترغيب، عوضًا عن الرّهبة والتخويف، وأن نُنزلهم منزلة أولادنا في الرّفق، والعناية، والتحمّل. يقول الإمام النوويّ رَحِمَهُ ٱللَّهُ وهو يوصي معلّم القرآن بذلك: «... وينبغي أن يحنو على الطّالب، ويعتني بمصالحه كما يعتني بمصالحه ومصالح ولده، ويُجري المتعلّم مجرى ولده في الشّفقة عليه، والاهتمام بمصالحه، والصّبر على جفائه وسوء أدبه، ويعذره في سوء أدبه في بعض الأحيان، فإنّ الإنسان معرّضٌ للنقائصِ، لا سيّما إذا كان صغير السّن» (١)

وثَمّةَ نماذج عمليّة لخلاوي للقرآن الكريم أوقفت أسلوب التّربية بالعقاب والضّرب، واستعاضت عنه بتوعية الأطفال باللّوائح المدرسيّة، وحملهم على الالتزام بها من خلال التّحفيز الإيجابيّ كالهدايا، والمسابقات، والتّنافس في مجموعاتٍ صغيرة للوصول إلى الهدف الأسبوعيّ، والتنافس على لقب (الحلقة المثالية)، أو من خلال التحفيز السّلبيّ المتمثّل بحرمان الطّفل من المشاركة في بعض

---

(١) أبي زكريا يحيى بن شرف الدين النووي، التبيان في آداب حملة القرآن ت: بشير محمد عيون، دار المؤيد ١٩٩١م، (ص٣٦-٣٧).

الأنشطة عقابًا له على تقصيره في أداء الواجب، أو تجاوزه للّوائح، كأن يُحرم من المشاركة في الألعاب والأنشطة التي يمارسها الطلّاب في الاستراحة ونحوها. وقد لوحظت ثمار هذا الأسلوب، وأكّدت التجربة إمكانية تربية الأطفال من غير عصا، بخلاف ما يُتداول من كون التّربية بالضّرب ثقافة شعبيّة متأصّلة في مجتمعنا، وأنّه لا سبيل للتخلّص منها.

ونضرب مثالًا للتّجارب التي نجحت في تغيير ثقافة العقاب بالضّرب واستبدالها بأساليب أخرى التّجربة التّي طبّقناها في مركز التّيسير للتّعليم النّموذجي في مدينة (قاريسا) في كينيا. وفيما يلي ملخّص لهذه التجربة والخطوات التي اتُّبعت في تنفيذها، وهي كالآتي:

أ. توعية المعلّمين بنظام المركز الذي ينصّ على منع العقاب بالضّرب كلّيًا، وذلك من خلال حلقات نقاشيّة نُوقشت فيها المسألة من النواحي النفسيّة، والشرعيّة، والتعليميّة.

ب. تحديد الأساليب البديلة للعقاب بالضّرب، وتلخّصت في الآتي:

- تخصيص قسم من ساحة المركز لنشاط كرة القدم في وقت الاستراحة.
- توفير بعض المعدّات البسيطة للألعاب في ساحة المركز .
- يسمح للطّالب الخروج إلى ساحة الألعاب إذا أنجز واجباته اليوميّة، بينما يمنع منها إذا تعثّر في الدرس.
- توفير بعض الجوائز التشجيعيّة للطّالب الذي ينجح في إنجاز هدفه الأسبوعيّ، ويحدّد النصاب الأسبوعيّ عن طريق ضرب نصاب

الحفظ اليوميّ بعدد أيّام الدراسة، فمثلا إذا كان نصاب حفظ الطالب اليوميّ صفحة واحدة، يكون هدفه الأسبوعي: خمس صفحات بداية من الصفحة التي وصل إليها، وهكذا.

- تخصيص جائزة للطّالب الذي لا يخطأ في الدرس مدّة شهرٍ كاملٍ.
- تقديم هدايا للطلّاب الذين يتميّزون بجوانب إيجابيّة أخرى: كالأخلاق، والالتزام في الحضور على الوقت وغيرها.

وقد حقّق هذ النظام -بفضل الله تعالى- نتائج إيجابيّة نذكر منها ما يأتي:

أ- ارتباط الأطفال بالمركز وحبّهم لمعلّميهم، وقد أبلغ بعض أولياء الأمور الإدارة بأنّهم لاحظوا في أبنائهم حبّ المركز والارتباط به، وأنهم يتسابقون للذّهاب إلى المركز، لا سيّما يوم السبت، بعد عطلة نهاية الأسبوع، وذلك على خلاف ما كان سائدًا من ثقل طَلعة السّبت على أطفال الخلاوي[1]

---

(١) طلعة يوم السبت ثقيلة على الطلّاب بشكلٍ عام، وطلّاب الخلاوي والكتاتيب بشكلٍ خاص، لأنّها تأتي بعد عطلة نهاية الأسبوع التي يخلد فيها الأطفال إلى الرّاحة واللّعب، ولهذا جاء في المثل (أثقل من طلعة يوم السبت)، ويضرب للشّيء الصّعب، ولابن الرّومي في هجاء طبع أحدهم:

مُعبِسُ الوجه طويل السكتِ ... كأنّما عضَّ على جُلّفْتِ
أثقل من طلعة يوم السبتِ ... على ابنِ كُتّابٍ بليدٍ هبتِ
مذبذبٍ بين الجهاتِ السّتِّ ... ابنٌ كبنتٍ وأخٌ كأختِ

ديوان ابن الرومي، دار الكتب العلميّة، بيروت لبنان ٢٠٠٢م، (١/ ١٦٥-١٦٦).

=

ب- التزام الطّلّاب بأداء واجباتهم دون ضرب، بل توصّل المعلّمون وطاقم المركز إلى أنّ منع الطفل من المشاركة في الألعاب أكبر تأثيرًا عليه من الضّرب والتخويف.

ج- تخفيف العبء عن المعلّمين وطاقم المركز.

٣- ينبغي أن يتجنّب المعلّمون وجميع من يقوم بالتّربية من مساعدي المدرّسين، والآباء، والأمهات، وأولياء الأمور، من العنف اللّفظي بكلّ صوره من الصُّراخ، والشّتم، والسُّخرية، والرّمي بالبلادة والغباء ونحوه؛ وذلك لما له من الأثر السّلبيّ في نفسية الطّلاب. وقد أكّدت الدراسات العلميّة أنّ العنف اللّفظي يترك أثرًا سلبيًا في نفسيّة الطفل، ويفقده الثّقة بالنّفس، وينفّره عن المدرّس والمادّة التي يدرّسها، وربّما عن التعليم(١)

ولنا في البعد عن العنف اللّفظيّ القدوة الحسنة في المعلّم الأول ﷺ فلم يكن ﷺ يلجأ إلى التوبيخ واللّوم، ناهيك عن الشّتم، فهذا

=

والجُلُفْت: التُّفَّاح الحَامِضُ وهوَ لفظُ دَخِيلٌ في العربية، انظر: فقه اللغة وسرّ العربية، عبد الملك أبو منصور الثعالبي، ت: عبد الرزاق المهدي، دار إحياء التراث العربي، بيروت لبنان ٢٠٠٢م، (ص١٨٥).

(١) انظر على سبيل المثال: حنان عزيز عبد الحسين، العنف التربويّ وانعكاساته على التحصيل الدراسيّ في المرحلة الابتدائيّة، مجلّة البحوث والدراسات التربويّة، جامعة بغداد العدد ٤٠ للعام ٢٠١٤م، ورجاء محمود أبو علّام ونادية محمود شريف، الفروق الفردية وتطبيقاتها التربويّة (مرجع سابق) ٢٠١٢-٢٠١٣م.

أنس رَضِيَ اللَّهُ عَنْهُ يصف لنا تعامله ﷺ مع الأطفال[(١)] قال رَضِيَ اللَّهُ عَنْهُ (**خدمتُ النبيَّ ﷺ عشرَ سنينَ، فما قال لي أُفٍّ قطُّ، وما قال لي لشيءٍ لِمَ أفعلْهُ: ألا كنتَ فعلتَه ؟ ولا لشيءٍ فعلتُه : لِمَ فعلتَه ؟**[(٢)]

ومن القصص التربوية الخالدة التي تؤكّد على أهمية البعد عن العنف في التربية تلك القصّة التي رواها لنا الصحابي الجليل معاوية بن الحكم السلميّ رَضِيَ اللَّهُ عَنْهُ، قال: «**بَيْنَا أَنَا أُصَلِّي مَعَ رَسُولِ اللهِ ﷺ إِذْ عَطَسَ رَجُلٌ مِنَ الْقَوْمِ، فَقُلْتُ : يَرْحَمُكَ اللهُ. فَرَمَانِي الْقَوْمُ بِأَبْصَارِهِمْ. فَقُلْتُ : وَا ثُكْلَ أُمِّيَاهْ ! مَا شَأْنُكُمْ تَنْظُرُونَ إِلَيَّ ؟! فَجَعَلُوا يَضْرِبُونَ بِأَيْدِيهِمْ عَلَىٰ أَفْخَاذِهِمْ، فَلَمَّا رَأَيْتُهُمْ يُصَمِّتُونَنِي، لَكِنِّي سَكَتُّ، فَلَمَّا صَلَّىٰ رَسُولُ اللهِ ﷺ، فَبِأَبِي هُوَ وَأُمِّي، مَا رَأَيْتُ مُعَلِّمًا قَبْلَهُ وَلا بَعْدَهُ أَحْسَنَ تَعْلِيمًا مِنْهُ، فَوَاللهِ مَا كَهَرَنِي وَلا ضَرَبَنِي وَلا شَتَمَنِي؛ قَالَ: «إِنَّ هَـذِهِ الصَّلَاةَ لا يَصْلُحُ فِيهَا شَيْءٌ مِنْ كَلَامِ النَّاسِ، إِنَّمَا هُوَ التَّسْبِيحُ وَالتَّكْبِيرُ وَقِرَاءَةُ الْقُرْآنِ**»[(٣)].

فانظر كيف تعامل النبيّ ﷺ مع خطأ المتربّي، ثم تأمّل كيف أثّر عليه تعامله ﷺ معه بالحكمة واللطف واللين!

---

(١) لمزيد من أساليب التربية النبويّة للطّفل ينظر: منهج التربية النبوية للطفل ، محمد نور بن عبد الحفيظ سويد، منشورات وزارة الأوقاف القطرية ٢٠١٤م.

(٢) أخرجه البخاري برقم (٢١١).

(٣) أخرجه مسلمٌ في صحيحه برقم (٥٣٧).

ثانيًا: مقترحات حلّ مشكلة عدم مراعاة الفروق الفرديّة:

١- ينبغي أن يعلم المدرّسون والقائمون على الخلاوي القرآنيّة أنّ وجود الفروق الفردية بين الطّلاب أمرٌ طبيعيٌّ، بل هو أمرٌ عامٌ موجودٌ في الإنسان، فكما أن الطّلّاب يختلفون في ألوانهم وأشكالهم وفي الطول والوزن، يختلفون أيضًا في الصّفات العقلية، كالحفظ، والفهم، والاستذكار، والتحليل، ويختلفون أيضًا في الميول والاتّجاهات، ومن ثَمَّ يختلفون في طرق تعلّمهم الذاتي. وهذا أمرٌ طبيعيٌ، بل هو سنّةٌ كونيّةٌ من سنن الله تعالى، وقد أشار النبيّ ﷺ إلى وجودها في الإنسان، وأرجعها إلى التّراب التي خلق الله منها آدم عَلَيْهِ السَّلَامُ، وذلك في الحديث الذي رواه أبو داوود في سننه، من حديث أبي موسى الأشعريّ رَضِيَ اللَّهُ عَنْهُ، أنّ رسول الله ﷺ قال: «**إن الله خلَقَ آدمَ مِن قبضةٍ قَبَضَها مِن جميعِ الأرضِ، فجاءَ بنو آدمَ على قَدْرِ الأرضِ: جاء منهم الأحمرُ، والأبيضُ، والأسودُ، وبينَ ذلك، والسَّهْلُ، والحَزْنُ، والخبيثُ، والطيِّبُ**»(١).

٢- تأتي أهمّية مراعاة الفروق الفرديّة بين الطلّاب في الحلقات القرآنيّة من أنّها تكشف للمعلّم قدرات الطلّاب العقليّة، وميولهم، وشخصياتهم

---

(١) رواه أبو داوود برقم (٤٦٩٣) والحديث صحيح. السّهل هو: الليّن المنقاذ، والحَزن(بفتح الحاء وسكون الزاي) الغليظ الطبع. راجع: عون المعبود شرح سنن أبي داوود، شرف الحق العظيم آبادي، ت: دار الكتب العلميّة، بيروت لبنان(١٤١٥هـ: ١٢/ ٢٩٨)

المختلفة، ومن ثَمَّ تساعده في توظيفها في تصنيف الطّلاب إلى مجموعات، وفي تحديد النّصاب اليوميّ في الحفظ والمراجعة، وفي تنويع أساليب التّدريس والتّحفيز، بما يناسب كلّ طالب.

٣- هناك عدَّةُ عوامل تؤثّر في الفروق الفرديّة بين الطّلاب ينبغي أن تؤخذ بعين الاعتبار، منها: العامل الزمنيّ؛ لأنّ خبرات الطّفل وقدراته العقليّة تزداد مع النموّ، وتزداد الفروق الفرديّة بين الطلّاب المتفاوتين في العمر، ولهذا ينبغي أن يؤخذ العمر بعين الاعتبار في المجموعات التي يُقسَّم إليها الطلاب في الحفظ والمراجعة، وفي النّصاب الذي يطلب من الطّالب في الحفظ والمراجعة[1].

ومن العوامل المؤثّرة في الفروق الفرديّة الّتي ينبغي أن تؤخذ بعين الاعتبار مستوى التعقيد في الموضوع المدروس[2]، ومستوى الصّعوبة في السُّورة أو الجزء، ومدى وجود التّشابه اللّفظيّ فيه، فكلّما كان موضوع الدّراسة معقّدًا، أو فيه نوعٌ من الصُّعوبة؛ تتّسع الفجوة في الفروق الفرديّة بين الطلّاب، بينما تقلُّ في الموضوعات والسّور السّهلة. وعليه، ينبغي أن يراعي المعلّمون ذلك في السُّور والأجزاء التي فيها صعوبات من نوع ما.

٤- من المبادئ الأساسيَّة في مراعاة الفروق الفرديّة: أنّ التباين بين

(١) رجاء محمود أبو علاّم ونادية محمود شريف، الفروق الفردية وتطبيقاتها التربوية (مرجع سابق) (ص٢٨-٢٩).

(٢) المرجع نفسه (ص٢٩).

الناس في الفروق الفردية كمّيٌ وليس نوعيًا[١]، ومعنى ذلك: أنه ليس هناك أشخاصٌ أذكياء، وأشخاصٌ يخلون من الذكاء تمامًا، وإنما الذّكاء موجودٌ في الجنس البشريّ عمومًا، ولكنهم يتفاوتون في نسبة الذّكاء. والنّاس في هذا على أربعة أصناف: صنفٌ يتميّزون بقدرات عقلية عالية، ويوصفون بأنهم (متفوّقون عقليا)، وهم قلّة. وصنفٌ متوسّطو الذّكاء، وهم السّواد الأعظم من النّاس. وصنفٌ يتمتّعون بنسبة ذكاءٍ أقلّ من المتوسّط، وصنفٌ لديهم مشاكل وصعوبات عقلية ترجع إمّا إلى الوراثة، أو إلى أمراض الحمل، أو إلى مشاكل الولادة، أو إلى غيرها من الأمراض العقليّة التي تصيب النّاس، ويطلق على هذا الصّنف الأخير (المتخلّفون عقليًا)، وهم قلّة مقارنة بالأصناف السّابقة[٢]، ويحتاجون إلى مزيد من الجهد، واستشارة الأطبّاء، والمتخصّصين [٣]

٥- بناءً على ما سبق ينبغي للمعلّمين، ولإدارات الخلاوي القرآنيّة ألّا

---

(١) خالد إبراهيم الدوجان، الوجيز في علم النفس التربويّ، مكتبة الرشد ناشرون الرياض ٢٠٠٩م، (ص٢٣٠)، ورجاء محمود أبو علام، ونادية محمود شريف، الفروق الفردية وتطبيقاتها التربويّة (مرجع سابق) (ص٢٢).

(٢) ذكرت بعض الدراسات أن نسبة المتخلّفين عقليًا لا تتجاوز (٢ ,٣٪) من مجموع السّكان خاصّةً في مرحلة الطّفولة، انظر: عائشة ديحان العازمي، علم نفس النمو، مكتبة الفلاح للنشر والتوزيع ، الكويت ٢٠١٢م، (ص٢٠٧) وما بعدها.

(٣) رجاء محمود أبو علام، ونادية محمود شريف، الفروق الفردية وتطبيقاتها التربويّة (مرجع سابق) (ص١٥٥، ١٩١، ٢٠٥).

يفرضوا على جميع الطّلاب خطّةً واحدة، بل يُوضع لكلّ طالبٍ، أو لكلّ مجموعة متجانسة من الطلّاب برنامجًا ملائمًا لهم، فهناك طلّابٌ يستطيعون حفظ صفحة كاملة في اليوم الواحد، وطلّاب يستطيعون حفظ نصف صفحة فقط، وآخرون لا يستطيعون حفظ أكثر من خمسة أسطر (أي ثلث صفحة)، فلا ينبغي أن نضع هؤلاء في مجموعة واحدة، لما فيه من الضّغط على البطيء، والإجحاف في حق سريع الحفظ.

وإذا تبيّن للمعلّم أنّ بعض الطلّاب لا يستطيعون الاستمرار مع المجموعة ينبغي ألّا يضغط عليهم، وإنما يُفردهم في مجموعةٍ خاصّة، مع مراعاتهم نفسيًا، وتبرير فصلهم عن مجموعتهم بتبريرات ذكية يراها مناسبةً؛ وذلك تفاديًا لتحميل الأطفال ما لا يطيقون، ومخاطبتهم بما لا يعرفون. وقد روي عن عليّ رَضِيَ اللَّهُ عَنْهُ أنه قال مؤكّدًا على ذلك: (**حَدِّثُوا النَّاسَ، بما يَعْرِفُونَ أَتُحِبُّونَ أَنْ يُكَذَّبَ، اللهُ ورَسولُهُ**)[1]. وقال الإمام النووي رحمه تعالى في كتابه (المجموع) مشيرًا إلى أهمّية مراعاة المعلّم للفروق الفرديّة بين الطلّاب في مقدار الدّرس وطريقة الشّرح: (**... وينبغي أن يبذل وسعه في تفهيمهم، وتقريب الفائدة إلىٰ أذهانهم، حريصًا علىٰ هدايتهم، ويفهم كلّ واحدٍ بحسب فهمه وحفظه، فلا**

(١) رواه البخاريّ برقم (١٢٧).

يعطيه ما لا يحتمله، ولا يقصّر به عمّا يحتمله بلا مشقّة، ويخاطب كلَّ واحدٍ علىٰ حسب درجته، وبحسب فهمه، وهمّته، فيكتفي بالإشارة لمن يفهمه فهمًا محقّقًا، ويوضّح العبارة لغيره، ويكرّرها لمن لا يحفظها إلا بتكرار..الخ) (١)

٦- ينبغي أن يكون المعلّم على علم بخارطة الفروق الفرديّة لدى طلّابه، فهناك طلّابٌ ضعيفو الحفظ، ولكنهم يتميّزون بسرعة الفهم والقدرة على التّحليل، وطلّابٌ بطيئو الحفظ، ولكنهم يتميّزون بسرعة التذكّر واستدعاء الأفكار والمحفوظات بشكل أسرع -ربما- من سريع الحفظ. وعليه، ينبغي للمعلّم أن يعرف كلّ هذه الأصناف، ومن ثمّ يستثمر كلّ واحدة منها لصالح توجيه الطلّاب وتحفيزهم.

وتحفظ لنا السّنة النبوية أروع الأمثلة في تعرّف القائد أو المعلّم على شخصيات أتباعه وطلّابه وقدراتهم المختلفة، واستغلاله ذلك في سبيل تحفيز كلّ واحدٍ منهم بما يتميّز به، وإبراز مواهبه، وذلك في حديث عبد الله بن عمر رَضِيَ اللَّهُ عَنْهُ قال: قال رسول الله ﷺ: **«أَرْحَمُ أُمَّتِي بِأُمَّتِي أَبُو بَكْرٍ، وَأَشَدُّهُمْ فِي دِينِ اللهُ عُمَرُ، وَأَصْدَقُهُمْ حَيَاءً عُثْمَانُ، وَأَقْضَاهُمْ عَلِيُّ بْنُ أَبِي طَالِبٍ، وَأَقْرَؤُهُمْ لِكِتَابِ اللهِ أُبَيُّ ابْنُ كَعْبٍ،**

---

(١) أبو زكريا يحيى بن شرف الدين النووي، المجموع شرح المهذب للشيرازي، ت محمد نجيب المطيعي، مكتبة الإرشاد، جدة المملكة العربية السعودية ١٩٨٠م، (ص٥٩)، انظر أيضًا: التبيان في آداب حملة القرآن للنووي (مرجع سابق) (ص٣٩).

وَأَعْلَمُهُمْ بِالْحَلَالِ وَالْحَرَامِ مُعَاذُ بْنُ جَبَلٍ، وَأَفْرَضُهُمْ زَيْدُ بْنُ ثَابِتٍ، أَلَا وَإِنَّ لِكُلِّ أُمَّةٍ أَمِينًا، وَأَمِينُ هَذِهِ الْأُمَّةِ أَبُو عُبَيْدَةَ بْنُ الْجَرَّاحِ»(١)

٧- من الأمور التي ينبغي أن يتجنّبها المعلّم في تعامله مع الفروق الفردية بين الطلاب: الشتم، والتعيير، والإحباط، ومقارنة الطّفل بأقرانه؛ لما في ذلك من الإحباط المدمّر لشخصية الطفل. وعليه أيضا أن يلتزم العدل في تعامله مع الطّلاب، فلا يميّز الذكيّ بمعاملةٍ خاصّة، مع إهمال الأقلّ ذكاءً.

٨- إذا كان المعلّم يشرح درسًا للطلّاب، ينبغي أن يعرض درسه بطريقة تناسب الكلّ من حيث البطء، وأن يَنزِل إلى مستوى بطيء التعلّم، ويأخذ بيده، وأن يكرّر الكلمة مرّتين أو ثلاثًا ليفهم منه، كما كان يفعله النبيّ ﷺ. فقد روى أنس رضي الله عنه عن النّبيّ ﷺ: **أَنَّهُ كَانَ إِذَا تَكَلَّمَ بِكَلِمَةٍ أَعَادَهَا ثَلَاثًا، حَتَّىٰ تُفْهَمَ عَنْهُ، وَإِذَا أَتَىٰ قَوْمًا فَسَلَّمَ عَلَيْهِمْ، سَلَّمَ عَلَيْهِمْ ثَلَاثًا.**(٢)، وعليه كذلك، أن ينوّع الأمثلة، والأساليب، وطريقة العرض، بما يلائم حال المخاطبين؛ أسوةً بالمعلّم الأول

---

(١) أخرجه ابن ماجه في سننه برقم (١٥٤) و أبو يعلى برقم (٥٧٦٣)، والبيهقي برقم (١٢٥٤٩) واللّفظ له. والحديث صحيح صححّه الألبانيّ رَحِمَهُ ٱللَّهُ في السلسلة الصحيحة. لمزيد من الأمثلة التطبيقية في صور مراعاة الفروق الفردية في السنة النبوية راجع: الفروق الفردية في ضوء التربية النبويّة، نعيم أسعد الصفدي، وعبد اللطيف مصطفى الأسطل، مجلّة جامعة الأزهر بغزّة، سلسلة العلوم الإنسانية ٢٠١٠م، المجلّد ١٢، العدد ١، (ص٢٦٧-٣١٦).

(٢) أخرجه البخاري برقم (٩٥).

عَلَيْهِ ٱلصَّلَاةُ وَٱلسَّلَامُ فقد كان يراعي الفروق الفرديّة في تعامله مع المتعلّمين من المخاطبين والسّائلين، فيخاطب كلّ واحد بقدر فهمه، ويجيب على سؤاله بما يلائم منزلته. وهناك نماذج كثيرة في هذا الباب نجدها في كتب السنة، منها ما رواه عَبْدُ اللهِ بْنِ عَمْرِو بْنِ الْعَاصِ قَالَ: **كُنَّا عِنْدَ النَّبِيِّ ﷺ فَجَاءَ شَابٌّ فَقَالَ يَا رَسُولَ اللهِ أُقَبِّلُ وَأَنَا صَائِمٌ؟ قَالَ: لَا. فَجَاءَ شَيْخٌ فَقَالَ أُقَبِّلُ وَأَنَا صَائِمٌ؟ قَالَ: نَعَمْ، قَالَ: فَنَظَرَ بَعْضُنَا إِلَىٰ بَعْضٍ، فَقَالَ رَسُولُ اللهِ ﷺ: قَدْ عَلِمْتُ لِمَ نَظَرَ بَعْضُكُمْ إِلَىٰ بَعْضٍ، إِنَّ الشَّيْخَ يَمْلِكُ نَفْسَهُ** (١).

٩- ينبغي إعطاء عناية خاصّة لذوي صعوبات التعلّم. وهنا ينبغي أن يميّز المعلّمون بين نوعين من المتعلّمين، النّوع الأوّل يعاني من تخلّفٍ عقلي ويحتاج إلى مزيدٍ من العناية، واستشارة الأطباء النفسيين، والنّوع الآخر لديه تأخّر بسيط، أو قصورٌ ما، وهذا النوع الأخير قد لا يحتاج سوى قليلٍ من العناية والتشجيع، وتحسّس مواطن الضعف وأسبابه، ووضع خطّة تعليميّة ملائمة له.

١٠- ينبغي للقائمين على المدارس القرآنيّة أن يحرصوا على تفهّم أسباب التأخّر الدّراسيّ الذي يطرأ على بعض الطلاب، فكثيرًا ما

---

(١) أخرجه أحمد في مسنده برقم (٦٧٣٩)، ولمزيد من الأمثلة التطبيقية في مراعاة النبي ﷺ الفروق بين السّائلين في إجاباته راجع: الرسول المعلّم وأساليبه في التعليم، عبد الفتاح أبو غدّة، مكتبة المطبوعات الإسلامية بحلب، ١٩٩٦م، (ص١٨٢) وما بعدها.

نرى في الخلاوي القرآنية طالبًا كان متميزًا ثم فجأة يظهر عنده تأخّر دراسيّ، فتجده يقصّر في إنجاز واجباته، ومن ثَـمَّ يُصاب بالإحباط، وتتراجع دافعيته نحو الخلوة. وهنا ينبغي أن يُعامل بحكمة ولطف، وألّا يُعرَّضَ لأيّ نوع من الضّغط، بل يكون التركيز على اكتشاف الأسباب والعوامل، فقد تكون أسبابًا شخصيّة،كالاضطرابات النفسيّة، وقد تكون أسبابًا اجتماعيّة ترتبط بالأسرة ونوعية العلاقات بين أفرادها، وقد تكون أسبابًا تعليميّة مثل: عدم رضا الطالب عن المعلّم وأساليبه في التدريس والتعامل، أو عدم تأقلمه مع المدرّس الجديد إذا تم تغيير الأول، وقد تكون أسبابًا مادّيّة اقتصاديّة، تعود إلى الحالة المعيشيّة التي تعيشها أسرة الطفل، وغيرها من الأسباب[١].

ثالثًا: مقترحات حلّ مشكلة غياب التّحفيز:

التّحفيز أمرٌ مهمٌّ في حياة الإنسان بشكلٍ عامٍ، وله جذوره في ديننا الحنيف، ونجد تطبيقاته بغزارة في باب التّرغيب والتّرهيب[٢]، ومن أمثلته قوله تعالى: ﴿ مَنْ عَمِلَ صَٰلِحًا مِّن ذَكَرٍ أَوْ أُنثَىٰ وَهُوَ مُؤْمِنٌ فَلَنُحْيِيَنَّهُۥ حَيَوٰةً طَيِّبَةً ۖ وَلَنَجْزِيَنَّهُمْ أَجْرَهُم بِأَحْسَنِ مَا كَانُوا۟ يَعْمَلُونَ ﴾

---

(١) لمزيد من اسباب التأخر الدراسي، راجع الفروق الفردية وتطبيقاتها التربوية، رجاء محمود أبو علاّم، ونادية محمود شريف، (مرجع سابق) (ص٢١٠) وما بعدها.

(٢) انظر على سبيل المثال: الترغيب والترهيب للمنذري، ورياض الصّالحين للنّوويّ، وغيرهما من كتب الترغيب والترهيب.

[النحل:97]، وقوله ﷺ: **«من سنَّ في الإسلام سُنة حسنة فله أجرها وأجر مَن عمل بها بعده، مِن غير أن يَنقص من أجورهم شيء، ومن سن في الإسلام سنَّةً سيِّئةً كان عليه وِزرها ووزرُ من عمل بها من بعده، من غير أن يَنقص من أوزارهم شيء»**[1] إلى غيرها من النّصوص الواردة في فضائل الأعمال، والتّرغيب والتّرهيب.

وللتّحفيز أثرٌ بالغٌ في نفس المرؤوسين، وفي الطّفل بشكل خاصّ، لأنّ ذلك سيُشعره بأنّ ما يقوم به من الجهد سيكون محلَّ اهتمام معلّمه، ووالده، وإدارة المدرسة، ومن ثمّ سيدفعه ذلك إلى التّفاني في العمل والإنجاز، على خلاف ما إذا لم يكن هناك تحفيز؛ فإنّ ذلك سيؤدّي إلى تراجع دافعيّة الطالب نحو الإنجاز.

وقبل أن نشرع في تقديم بعض المقترحات لتفعيل التّحفيز في المراكز والخلاوي القرآنية، نستعرض فيما يأتي أنواع التّحفيز، وهي ثلاثة أنواع:

أ- **الحوافز المعنويّة**: وهي كلّ أشكال التّعبير اللّفظيّ والمعنويّ التي تشير إلى التّقدير المعنويّ للطّالب على جهده المبذول في تحقيق الأهداف، وإنجاز المهام الموكّلة إليه، ومواظبته على الآداب والأخلاق والضوابط[2].

---

(1) رواه مسلم برقم (1017).

(2) إبراهيم الفقي، قوة التحفيز (مرجع سابق) (ص9).

وللحوافز المعنوية أثرٌ بالغٌ في دفع الإنسان إلى تحقيق الأهداف، وإنجاز المهام[١]. ولهذا ينبغي أن يحرص المعلّمون على استثمار الحوافز المعنويّة في تعزيز طلّابهم، كالمدح، والثناء، وإظهار الحبّ، والإعجاب، وإعلام الطّالب بما يتوقّع منه المعلّم أو المربّي، وتبصيره بأنّه يستطيع أن يحقّق المزيد، وقد ثبت بالتّجربة أنّ الأطفال الّذين يتلقّون التّشجيع، يحقّقون نجاحًا يفوق ما يحقّقه الطلّاب الّذين لا يجدون التشجيع والتحفيز»[٢].

ب. **الحوافز المادّيّة**: وتكون بصرف هدايا وجوائز نقديّة، أو عينيّة للطلّاب، وذلك تقديرًا لجهودهم[٣]. ولا يشترط أن تكون الهدايا العينيّة غالية الثمن، بل يكفي أن تكون رمزية مثل: حبة (شوكولاته)، أو قلم رصاص، أو نحوها. فالهديّة ليست بقيمتها المادّيّة، قدر ما هي قيمة معنويّة، خاصّة إذا جاءت من المعلّم وإدارة المدرسة.

جـ. الحوافز السلبيّة: وهي كما يظهر من اسمها حوافز تأديبيّة، هدفها دفع الطّالب إلى الالتزام بالمهام والضّوابط عن طريق عقوبات تأديبيّة توجّه إليه، كتنبيهه، ولفت نظره إلى السّلوك الخاطئ تقصيرًا كان أو تجاوزًا، أو تكون بحسم نقاط منه، أو حرمانه عن بعض الامتيازات

---

(١) المرجع نفسه (ص٩)، وعلي راشد، أثر بيئة التعلم، (مرجع سابق) (ص٦٠) وما بعدها.

(٢) علي راشد أثر بيئة التعلّم (مرجع سابق) (ص٦١-٦١).

(٣) إبراهيم الفقي، قوة التحفيز (مرجع سابق) (ص١١-١٢).

التي تُعطى للطلّاب... إلخ.

وفيما يلي بعض المقترحات لتفعيل التحفيز في الخلاوي القرآنية:

١- ينبغي أن يستشعر معلّمو الخلاوي القرآنيّة وإداراتها أهمّية التّحفيز في حياة الأطفال، وأنهم أحوج الناس إلى من يحفّزهم، ويشجّعهم، ويدفعهم إلى الأمام، ويبثّ روح الفعاليّة والنشاط في أنفسهم.

٢- وضع هدفٍ لكلّ طالب ينبغي أن يحقّقه في نهاية كلّ أسبوع، وفي نهاية كلّ شهر، وتخصّص المدرسة جوائز تشجيعيّة للطلّاب الّذين حقّقوا الهدف الأسبوعي، أو الشهري، والذين تجاوزا الهدف المحدّد لهم، ويكون التّحفيز بصرف بعض الجوائز لهم، وتشجيعهم معنويًّا بتعليق أسمائهم على لوحة المتميّزين ونحو ذلك.

٣- تخصيص جوائز لأكثر الطلّاب التزامًا بالضوابط، والملتزمون بالأخلاق والآداب، سواء في تعاملهم مع زملائهم، أو تعاملهم مع المعلّمين... إلخ.

٤- إقامة احتفال لكلّ مجموعةٍ من الطلّاب بعد فراغهم من إنجاز مجموعة من الأهداف والمقرّرات الدراسيّة، كأن تقام حفلة مصغّرة لطلّاب قسم (القراءة والكتابة) بعد فراغهم من البرنامج، أو بعد فراغهم من نصف المقرّر ونحوه. ويُفضّل أن يُمنحوا (شهادة تخرّج) بعد فراغهم من برنامج (القراءة والكتابة)، كما تفعله بعض المدارس النموذجيّة في المدن الكبرى في الآونة الأخيرة، ومنها

إقامة احتفال مصغرٍ لكلّ مجموعة من الطُّلّاب في قسم التحفيظ بعد فراغهم من خمسة أجزاء مثلا، ويوزّع عليهم بعض الهدايا، ولا بأس بمنحهم يوم إجازة؛ تكريمًا لهم على صبرهم في إنجاز الأهداف، فهذا كلّه من المحّفزات التي تشوق الطلّاب للقرآن، وترفع دافعيتهم لتعلّمه وحفظه.

٥- إذا كان في المدرسة أكثر من حلقة، يُفضَّل أن يُثار الحماس والتّنافس فيما بينها، وذلك بأن يتنافسوا على وسام (الحلقة المثاليّة) في الشّهر. وقد رأينا بالتجربة نتائج هذا النشاط، وأثره في تحسين مستوى التحصيل العلميّ لدى الطلاب والتزامهم باللّوائح، وذلك في داخلية ممتاز في العاصمة الكينية (نيروبي) التّابعة لمؤسّسة الإحسان للرّعاية الاجتماعيّة، وملخّص الفكرة أنّنا أعلنّا التنافس على وسام (الحلقة المثالية)(١) بين الحلقات الخمسة في الداخليّه، مع توعية المعلّمين والطلاب بمعايير الفوز بالوسام، وكان من أهمها:

- الالتزام بالآداب والأخلاق الإسلاميّة.
- الالتزام بالحضور إلى المسجد في الصّلوات الخمس في أوقاتها.

---

(١) ولا أنسى أن أشكر المهندس الأستاذ عبد الله حسين معلم علي، مسؤول القسم الإسلامي حينها، الذي كان له الفضل الكبير في اقتراح المشروع وتنفيذه ومتابعته، والشكر كذلك لمعلّمي الحلقات على تعاونهم وجهودهم الجبّارة في تطبيق النشاط وإنجاح فعالياته، جزاهم الله خيرا جميعا ونفع بهم الإسلام والمسلمين.

- الانضباط بإنجاز الهدف اليوميّ والأسبوعيّ والشهريّ.
- الحفاظ على الهدوء، وعدم إزعاج الآخرين أثناء الحلقة وخارجها.
- الالتزام بوقت الحضور والانصراف من الحلقة .
- الالتزام بمواعيد النوم والاستيقاظ منه.
- الحفاظ على النظافة العامّة،خاصّة في صالة الطعام أثناء تناول الوجبات.

وأُسند التقييم إلى لجنة من إدارة القسم، تمارس أعمالها بشكلٍ يوميّ، وتُخصم الدّرجات من الحلقة إذا وقع أحد منسوبيها في مخالفة: كأن يتأخّر عن وقت النّوم، أو أحدثت مجموعة منهم الشّغب والفوضى، أو تخلّف عددٌ منهم عن تحقيق الهدف الأسبوعيّ ونحوها. وفي نهاية الشهر تقرّر اللّجنة الحلقة الفائزة بعد النظر في النقاط المخصومة، والنقاط المستحقّة. وتُعلن النتيجة في احتفال مشهود تحضره إدارة القسم، وبعض الضّيوف من اللّجنة العليا للأكاديميّة أو من خارج المدرسة. وتتسلّم الحلقة الفائزة (الوسام) مع شهادة شكر، ثم تُحضر لهم وجبة عشاء تكريميّة من إحدى المطاعم الراقية.

وقد حقّق هذا النشاط- بفضل الله- كثيرًا من الأهداف والنتائج التي عجزت سياسة التشدّد عن تحقيقها، ومن أهمّها ما يأتي:

- إثارة الحماس والتنافس بين الحلقات، ورفع دافعية الطلّاب نحو الإنجاز.
- استقرار الطلاب في الدّاخلية، وتوقُّف محاولات التسرّب

والهروب من الدّاخلية التي كانت تتكرّر قبل ذلك بشكلٍ شهري تقريبًا.

- رفع مستوى التحصيل العلميّ عند الطلّاب، والتزامهم بإنجاز المهام والواجبات اليوميّة والأسبوعيّة في الحفظ والمراجعة.

- تخفيف ضغط العمل عن طاقم المركز، حيث تحوّل الالتزام باللّوائح والضّوابط إلى مسؤولية جماعيّة يحرص عليها الطلّاب، بينما كان قبل ذلك أمرًا مفروضًا عليهم.

- تقليل الفوضى والإزعاج في الداخليّة.

- تحسّن مستوى النّظافة العامّة في الدّاخليّة،خاصّةً في صالة الطعام، حيث تحرص كلّ مجموعةٍ على الالتزام بآداب الطّعام، والحفاظ على نظافة المكان.

٧- تنظيم رحلة طلّابية في السنة مرّتين -على الأقل- إلى المنتزهات، والحدائق، وأماكن ألعاب الأطفال، ويُفضّل ألّا تكون تكلفتها كبيرة، بل تكون بسيطة تكفيها الرّسوم الرمزية التي تجمع من أولياء أمور الطلبة،كما هو متّبع في المدارس النظاميّة.

وحتى تكون الرّحلة الطلابيّة ذات جدوى ينبغي ربطها بالخطّة العامّة للتربية والتعليم في الخلوة أو المركز، وذلك ليعلم الطلّاب بأنّ الرحلة مكافأة لهم على إنجازهم، والتزامهم بالضّوابط، وبهذا يتحوّل إنجاز الخطّة مسؤوليّة مشتركة بين المعلّم والإدارة والطالب.

رابعًا: مقترحات حلّ مشكلة التسرّب الدّراسيّ:

ذكرنا في المبحث الثاني من هذه الدّراسة أنّ مشكلة التسرّب الدّراسي من المشكلات التربويّة التي تعاني منها الخلاوي القرآنيّة؛ وفيما يلي بعض المقترحات لحلّها:

١. التربية بالحبّ، وهي أكبر علاج للمشاكل التربويّة بشكل عام، ويكفينا نموذجًا للدّلالة على أثر التربية بالحبّ في جذب الأطفال قصّة الصحابيّ الجليل زيد بن حارثة رَضِيَ اللَّهُ عَنْهُ التي رواها أصحاب السّير وملخّصها كما رواها الحافظ بن حجر في الإصابة «**أنّ زيد بن حارثة رَضِيَ اللَّهُ عَنْهُ أُسِرَ وهو طفلٌ في إحدىٰ المعارك بين قبيلته وقبيلة أخرىٰ، فاحتملوه، وأتوا به إلىٰ سوق عكّاظ، فعرضوه للبيع، فاشتراه حكيم بن حزام لعمّته خديجة بأربعمائة درهم، فلما تزوّجها رسول الله ﷺ، وهبته له، قال: فحج ناس من كلب، فرأوا زيدًا فعرفهم وعرفوه، فقال: أبلغوا أهلي...، فانطلقوا، فأعلَموا أباه، فخرج حارثة وكعب أخوه بفدائه، فقدما مكّة، فسألا عن النبي ﷺ، فقيل: هو في المسجد، فدخلا عليه، فقالا: يا ابن عبد المطّلب، يا ابن سيّد قومه، أنتم أهل حرم الله، تفكّون العاني، وتطعمون الأسير، جئناك في ولدنا عبدك، فامنن علينا، وأحسن في فدائه، فإنّا سندفع لك، قال: وما ذاك؟ قالوا: زيد بن حارثة، فقال: أو غير ذلك؟ دعوه فخيّروه، فإن اختاركم، فهو لكم بغير فداء، وإن اختارني، فوالله ما أنا بالذي أختار علىٰ من اختارني فداء، قالوا: زدتنا علىٰ النصف، فدعاه،**

فقال: هل تعرف هؤلاء؟ قال: نعم، هذا أبي، وهذا عمي، قال: فأنا من قد علمت، وقد رأيت صحبتي لك، فاخترني، أو اخترهما، فقال زيد: ما أنا بالذي أختار عليك أحدًا، أنت مني بمكان الأب، والعم، فقالا: ويحك -يا زيد- أتختار العبودية علىٰ الحرّية، وعلىٰ أبيك، وعمك، وأهل بيتك!؟ قال: نعم، إني قد رأيت من هذا الرّجل شيئًا ما أنا بالذي أختار عليه أحدًا، فلمّا رأىٰ رسول الله ﷺ ذلك، أخرجه إلىٰ الحجر، فقال: اشهدوا أن زيدًا ابني، يرثني وأرثه، فلمّا رأىٰ ذلك أبوه، وعمّه، طابت أنفسهما، وانصرفا، فدعي زيد بن محمد؛ حتىٰ جاء الله بالإسلام وأبطل التبنّي»[1].

هذه القصّة تغني عن كثير من الكلام في موضوع علاج المشكلات التربوية بالحبّ والرّفق واللين، فلنتأمّلها وأمثالها من القصص التي تروي لنا أساليب التربية النبويّة ومبادئها العظيمة.

٢. عدم مواجهة الطّفل باللّوم والعقاب عند عودته إلى المدرسة بعد التسرّب، بل يُرحّب به، ويُقدَمُ له النصائح والتوعية الأبويّة، فهذا أدعى إلى جذبه، وتعديل سلوكه.

ويحضرني في ذلك قصة حدثت لي أيام الطفولة مع أستاذ الخلوة الأستاذ (محمد طيري) جزاه الله خيرا، وذلك بعد أن تغيّبتُ عن

---

(١) ابن حجر العسقلاني، الإصابة في تمييز الصحابة، ت: عادل أحمد عبد الموجود، وعلي محمّد معوّض، دار الكتب العلميّة، بيروت لبنان ١٤١٥هـ، (٢/ ٩٥).

الخلوة عدّة أيام بسبب تأثير رفقاء السوء، مع أنّني كنت قبل ذلك طالبًا مواظبًا، فلقيت المعلّم في الطريق، فقال لي كلامًا لطيفًا استطاع به -بفضل الله- حلّ مشكلتي دون ضغطٍ أو لومٍ أو توبيخ، قال لي: «ما لك تغيّبت يا عمر؟ ألا تعرف أنّك من أفضل طلّابي، وأنّني كنت أفكّر في إعدادك لتمثّل المدرسة في المسابقات القرآنية»، ونصحني بعدم التغيّب مرةً أخرى، وعدم مصاحبة رفقاء السّوء، فأثّر عليّ كلامه تأثيرًا بالغًا، ولم أتغيّب بعد ذلك اليوم، بل أصبحت من الطلّاب الخواص الذين لا يبرحون مجالسة المعلّم وخدمته.

٣. من الأمور المهمّة في معالجة التسرّب الدّراسي رفع معنويّات الطلّاب وتشجيعهم وتحفيزهم، حتى تتعدّل نظرتهم إلى أنفسهم.

٤. ينبغي البحث عن أسباب التسرّب الدراسي لدى الطالب لوضع حلولٍ علاجية لها.

٥. إشراك الطالب في أنشطة تعليميّة، وإسناد بعض المهام له، كمساعدة المعلّم في ترتيب الغرفة، أو مساعدته في تدريس الأطفال الصغار ونحو ذلك.

٦. مراجعة الخطّة الدراسيّة ونصاب الحفظ اليوميّ، فقد يكون سبب التسرّب ثقل البرنامج التعليميّ على الطّالب، وخوفه من الإحراج أمام المعلّم والزّملاء.

٧. ينبغي للأسر وأولياء الأمور أن يؤدّوا دورهم في معالجة مشكلة التسرّب الدّراسي، وأن يكون هناك تعاونٌ وثيق بينهم وبين المدرسة.

المبحث الثالث

مقترحات حلّ مشكلات المنهج

إن مشكلة (ضعف المنهج) مشكلة محوريّة؛ لما لها من التّأثير البالغ على كافّة عناصر التعليم، ولما تؤدّي إليه في النّهاية من الإخفاق، وضعف المخرجات، وسأم كلّ من المعلّم، والطّالب، وأولياء الأمور.

ومن المقترحات في حل مشكلات ضعف المنهج في الخلاوي القرآنية ما يأتي:

أولًا: إعادة صياغة الأهداف الّتي من أجلها نعلّم الأبناء القرآن الكريم، وقد ذكرنا في أكثر من موضع من هذه الدّراسة أن هناك خللًا في ضبط أهداف تعليم القرآن في خلاوي القرآن الكريم في بلادنا، وأنها تحوَّلت عند الكثيرين إلى تحفيظ اللّفظ المجرّد مع إهمال جانبي: التزكية والتفقّه في الدّين اللّذين هما المقصد الأعظم الذي من أجله أنزل الله القرآن، قال الله تعالى: ﴿كِتَٰبٌ أَنزَلۡنَٰهُ إِلَيۡكَ مُبَٰرَكٞ لِّيَدَّبَّرُوٓاْ ءَايَٰتِهِۦ وَلِيَتَذَكَّرَ أُوْلُواْ ٱلۡأَلۡبَٰبِ﴾[ص:٢٩].

وإذا أردنا أن نعرف المنهجيّة الصحيحة في تعليم القرآن الكريم والتربية به -والّتي ينبغي أن نلتزم بها في حلقاتنا ومراكزنا، والأولويات التي ينبغي أن تتركّز عليها أهدافنا- فسنجدها بيّنة في منهجية المعلّم

الأوّل عَلَيْهِ ٱلصَّلَاةُ وَٱلسَّلَامُ في تعليم القرآن الكريم والتربية به. وقد حدّد الله تعالى المهمّات والأولويات التي بعث الله بها نبيه محمدًا ﷺ في كتابه العزيز فقال: ﴿ كَمَآ أَرۡسَلۡنَا فِيكُمۡ رَسُولٗا مِّنكُمۡ يَتۡلُواْ عَلَيۡكُمۡ ءَايَٰتِنَا وَيُزَكِّيكُمۡ وَيُعَلِّمُكُمُ ٱلۡكِتَٰبَ وَٱلۡحِكۡمَةَ وَيُعَلِّمُكُم مَّا لَمۡ تَكُونُواْ تَعۡلَمُونَ ﴾ [البقرة:١٥١] وقال في آل عمران: ﴿لَقَدۡ مَنَّ ٱللَّهُ عَلَى ٱلۡمُؤۡمِنِينَ إِذۡ بَعَثَ فِيهِمۡ رَسُولٗا مِّنۡ أَنفُسِهِمۡ يَتۡلُواْ عَلَيۡهِمۡ ءَايَٰتِهِۦ وَيُزَكِّيهِمۡ وَيُعَلِّمُهُمُ ٱلۡكِتَٰبَ وَٱلۡحِكۡمَةَ وَإِن كَانُواْ مِن قَبۡلُ لَفِي ضَلَٰلٖ مُّبِينٍ ﴾[آل عمران: ١٦٤]، وقال في سورة الجمعة: ﴿ هُوَ ٱلَّذِي بَعَثَ فِي ٱلۡأُمِّيِّـۧنَ رَسُولٗا مِّنۡهُمۡ يَتۡلُواْ عَلَيۡهِمۡ ءَايَٰتِهِۦ وَيُزَكِّيهِمۡ وَيُعَلِّمُهُمُ ٱلۡكِتَٰبَ وَٱلۡحِكۡمَةَ وَإِن كَانُواْ مِن قَبۡلُ لَفِي ضَلَٰلٖ مُّبِينٖ ۝٢ وَءَاخَرِينَ مِنۡهُمۡ لَمَّا يَلۡحَقُواْ بِهِمۡۚ وَهُوَ ٱلۡعَزِيزُ ٱلۡحَكِيمُ ﴾[الجمعة ٢-٣].

والآيات هنا ذكرت ثلاث وظائف تتركّز عليها منهجيّة النبيّ ﷺ في التربية والتعليم، وهي: (١)

١- تعليم تلاوة القرآن الكريم: وهي المشار إليها بقوله: «**يَتْلُو عَلَيْهِمْ آيَاتِهِ ...**» وتشمل كلّ ما يندرج تحت تعليم لفظ القرآن من حفظه، وإقامة مخارجه وأحكامه، وتعلّم رواياته المختلفة، وتصحيح أدائه. وهنا ينبغي أن يحرص المعلّم على التأكّد مما ينقله عن الله، وذلك

---

(١) لمزيد من التفاصيل في أصول التربية الإسلامية في ضوء القرآن الكريم راجع، أحمد بن أحمد بن شرشال الجزائري، أصول التربية والتعليم كما رسمها القرآن الكريم، دار الحرمين القاهرة ٢٠٠٣م، (ص١٣) وما بعدها.

بالجلوس إلى العلماء المتقنين لعرض القرآن عليهم، ثم يجتهد في نقله إلى تلامذته بكل أمانة وحرص.

٢- **التزكية والتربية**: وهي المشار إليها بقوله «**وَيُزَكِّيهِمْ..**»، وهي المهمّة العظمى الّتي من أجلها أنزل الله القرآن، ولهذا ينبغي أن تُصرف إليها الجهود، وأن نبحث عن السبل المعينة في تحقيقها.

يقول الإمام النووي رَحِمَهُ ٱللَّهُ -وهو يذكّر المعلّم بما ينبغي عليه من العناية بتزكية طلّابه وتربيتهم- «**وينبغي أن يؤدّب المتعلّم علىٰ التدريج بالآداب السّنيّة والشيم المرضيّة، ورياضة نفسه بالدّقائق الخفيّة، ويعوّده الصّيانةَ في جميع أموره الباطنة والجليّة، ويحرّضه بأقواله وأفعاله المتكرّرات علىٰ الإخلاص، والصدق، وحسن النيّات، ومراقبة الله تعالىٰ في جميع اللّحظات، ويعرّفه أنه بذلك تنفتح عليه أبواب المعارف، وينشرح صدره، وتتفجّر من قلبه ينابيع الحكم واللّطائف، ويبارك الله له في علمه وحاله، ويُوفَّق في أقواله وأفعاله**»[١]. وهذا كلّه بعد أن نصلح أنفسنا ونزكّيها، حتى يكون لكلامنا أثر في قلوب المتربّين.

٣- تعليم الأمّة الحكمة وعلوم الكتاب والسنة: وهي المشار إليها بقوله: ﴿وَيُعَلِّمُهُمُ ٱلْكِتَٰبَ وَٱلْحِكْمَةَ﴾، وتأتي أهمّية هذا المحور من

---

(١) أبو زكريا يحيى بن شرف الدين النووي، التبيان في آداب حملة القرآن للإمام النووي (مرجع سابق) (ص٣٨).

كونه طريق التدبّر الذي هو المقصد الأعظم الّذي من أجله أنزل الله القرآن، وقد بيّن الله ذلك في آيات كثيرة من كتابه منها قوله تعالى: ﴿ إِنَّآ أَنزَلْنَٰهُ قُرْءَٰنًا عَرَبِيًّا لَّعَلَّكُمْ تَعْقِلُونَ ﴾[يوسف: ٢] وقوله: ﴿ إِنَّا جَعَلْنَٰهُ قُرْءَٰنًا عَرَبِيًّا لَّعَلَّكُمْ تَعْقِلُونَ ﴾[الزخرف:٣] وقوله: ﴿ كِتَٰبٌ أَنزَلْنَٰهُ إِلَيْكَ مُبَٰرَكٌ لِّيَدَّبَّرُوٓا۟ ءَايَٰتِهِۦ وَلِيَتَذَكَّرَ أُو۟لُوا۟ ٱلْأَلْبَٰبِ ﴾[ص :٢٩] إذ لا سبيل للتدبّر، والتعقُّل، والوقوف على أسرار رسالة الله تعالى، وخطابه، إلّا عن طريق تعلّم التفسير وعلوم الشريعة اللّازمة لفهم القرآن الكريم.

وممّا يؤكّد هذا أن الله تعالى ذمّ بني إسرائيل في سياق آيات سورة (الجمعة) لأنهم حملوا التوراة وتعلّموها ولكنهم لم يعملوا بها، ولم ينتفعوا بها، بل كذّبوا بما فيها من العلم والحكمة والشريعة، ونبوّة محمد ﷺ، فمثلهم كمثل الحمار الذي يحمل كتبًا ولا يدري ما فيها، قال تعالى: ﴿ مَثَلُ ٱلَّذِينَ حُمِّلُوا۟ ٱلتَّوْرَىٰةَ ثُمَّ لَمْ يَحْمِلُوهَا كَمَثَلِ ٱلْحِمَارِ يَحْمِلُ أَسْفَارًۢا ۚ بِئْسَ مَثَلُ ٱلْقَوْمِ ٱلَّذِينَ كَذَّبُوا۟ بِـَٔايَٰتِ ٱللَّهِ ۚ وَٱللَّهُ لَا يَهْدِى ٱلْقَوْمَ ٱلظَّٰلِمِينَ ﴾[الجمعة :٥]

وعلى هذا، فلا سبيل لتربيةِ جيلٍ قرآنيٍّ متخلّقٍ بالقرآن، متمسّكٍ به عن طريق تحفيظهم اللفظ المجّرد، إذ لا يعقل أن يتدبّر الشخص، ويعمل، بما لم يفهمه أصالة. يقول الإمام ابن جرير الطبريّ رَحِمَهُ ٱللَّهُ في ذلك: «**وفي حث الله عَزَّ وَجَلَّ عباده على الاعتبار بما في آي القرآن من المواعظ والتبيان، بقوله جل ذكره، لنبيه ﷺ:** ﴿ كِتَٰبٌ أَنزَلْنَٰهُ إِلَيْكَ مُبَٰرَكٌ لِّيَدَّبَّرُوٓا۟ ءَايَٰتِهِۦ وَلِيَتَذَكَّرَ أُو۟لُوا۟ ٱلْأَلْبَٰبِ ﴾ [ص:٢٩] **وقوله:** ﴿ وَلَقَدْ ضَرَبْنَا لِلنَّاسِ

فِي هَٰذَا ٱلْقُرْءَانِ مِن كُلِّ مَثَلٍ لَّعَلَّهُمْ يَتَذَكَّرُونَ ﴿٢٧﴾ قُرْءَانًا عَرَبِيًّا غَيْرَ ذِي عِوَجٍ لَّعَلَّهُمْ يَتَّقُونَ﴾ [الزمر:٢٧-٢٨]، **وما أشبه ذلك من آي القرآن التّي أمر الله عباده، وحثّهم فيها علىٰ الاعتبار بأمثال آي القرآن، والاتّعاظ بمواعظه، ما يدلّ علىٰ أنّ عليهم معرفة تأويل ما لم يحجب عنهم تأويله من آيات، لأنه محالٌ أن يُقال لمن لا يفهم ما يقال له، ولا يعقل تأويله: اعتبر بما لا فَهْم لك به، ولا معرفة من القيل والبيان، إلّا علىٰ معنىٰ الأمر بأن يفهمه ويفقهه، ثم يتدبّره، ويعتبر به. فأمّا قبل ذلك، فمستحيل أمره بتدبره، وهو بمعناه جاهل»**[1]

فهذه معالم منهج التربية والتعليم عند المعلّم الأوّل ﷺ، والأولويات التي بُعث ليركّز عليها في تعليم البشرية وهدايتها، وهي مطابقة لدعوة أبي الملّة إبراهيم عَلَيْهِ السَّلَامُ حين سأل ربه: ﴿رَبَّنَا وَٱبْعَثْ فِيهِمْ رَسُولًا مِّنْهُمْ يَتْلُواْ عَلَيْهِمْ ءَايَٰتِكَ وَيُعَلِّمُهُمُ ٱلْكِتَٰبَ وَٱلْحِكْمَةَ وَيُزَكِّيهِمْ إِنَّكَ أَنتَ ٱلْعَزِيزُ ٱلْحَكِيمُ﴾ [البقرة:١٢٩]. ولهذا ينبغي للقائمين على خلاوي القرآن ومراكز التحفيظ أن يعيدوا النّظر في الأولويات والأهداف التي من أجلها يعلّمون الأبناء القرآن، وأن يجعلوا نصب أعينهم هذا المنهاج الذي رسمه القرآن الكريم ليكون أصلا للتربية والتعليم، ومرجعًا لكلّ من يتأهّب لتعليم القرآن الكريم، وبهذا ستنحلّ - بمشيئة الله- مشكلات المنهج

---

(١) أبو جعفر محمد بن جرير الطبّري، جامع البيان عن تأويل آي القرآن (تفسير الطبري)، ط: الحلبي، (١/ ٣٦-٣٧).

التي تعاني منها مدارسنا، والتي تسبّبت في ضعف مخرجاتها التربوية.

ثانيًا: ينبغي أن يكون للخلوة القرآنية خطّة تعليميّة محدَّدة بالزمن، يُحدَّدُ فيها كل ما يتمّ في الخلوة، على مستوى الحلقة، وعلى مستوى الطالب، بحيث تكون هناك خطّة خاصّة بقسم القرءاة والكتابة يُوضَّح فيها: موضوعات القراءة والكتابة التي سيتعلّمها الطالب، والمدّة التي سيقضيها في برنامج القراءة والكتابة، والموضوعات الّتي ينجزها في كل شهر.

وبالنسبة للتحفيظ يُحدَّد في الخطة: نصاب الحفظ اليوميّ لكلّ طالب، أو لكلّ مجموعة من الطلّاب، والهدف الأسبوعيّ والشهريّ، والموعد التقريبيّ المتوقّع لختم هذه المجموعة، أو هذا الطالب حفظ القرآن الكريم. وأخيرًا لا بدّ أن يُوضَّح في الخطة ما هي المتون الشرعيّة التي سيدرسها الطلّاب؟ ومتى يبدأ الطالب دراسة المتون؟ وهنا ننبّه إلى أنّ وضع الخطة وحده لا يكفي، بل يجب أن تكون هناك متابعة دقيقة لكلّ جزئيّاتها، وتقويم العمل بعد كلّ فترة لعلاج الضعف، وتصحيح الأخطاء.

ثالثًا: ينبغي التنبّه إلى الفروق الفرديّة بين الطلّاب عند تحديد نصاب الحفظ اليوميّ والمراجعة اليوميّة لكلّ طالب، أو لكلّ مجموعةٍ من الطلّاب، وذلك تفاديًا لمشاكل تجاهل الفروق الفرديّة.

رابعًا: ينبغي أن تكون للخلوة القرآنيّة خطة للتربية والتزكية، تشتمل على أنشطة تربوية: كالصّيام الجماعي، والخواطر، والمواعظ،

وزيارة العلماء، والمساجد، وتدريب الطلّاب على المشاركة في الدعوة، وإلقاء الخواطر، وغيرها من الأنشطة التربويّة .

خامسًا: تطوير المنهج والمقرّرات بين الحين والآخر، واستشارة المختصّين، والبحث عن التّجارب الناجحة للإفادة منها .

سادسًا: وضع تقويم دراسيّ للخلوة القرآنيّة، وذلك بتقسيم العام الدّراسيّ إلى فصلين أو ثلاثة فصول دراسيّة، مع تحديد الهدف المطلوب أن يحقّقه كلّ طالبٍ، أو كلّ مجموعة من الطلّاب في كل فصلٍ دراسيٍّ، وعمل امتحانٍ نهائيّ في نهاية كلّ فصلٍ دراسيّ، ثم تُعلن النتائج في حفل يحضره أولياء الأمور، وضيوف من خارج المدرسة، ثم يُختَمُ الفصل بإجازة؛ ليستأنف الطلّاب الفصل المقبل بنشاطٍ وحماسٍ.

وفيما يلي مقترحُ تقويم دراسيّ للخلاوي والمراكز القرآنية، اعتمدنا فيه على التاريخ الهجري بهدف ربط الناشئة بتاريخهم الإسلاميّ.

❁ ❁ ❁

التقويم الدراسيّ للخلاوي والمراكز القرآنيّة

الفصل الد راسيّ الأول:

مدة الدراسة	خمسة أشهر (محرّم، صفر، ربيع الأول، ربيع الثاني، جمادي الأولىٰ)
بداية الدراسة	٣ محرّم
المراجعة	١-١٥ جمادىٰ الآخرىٰ
اختبارات الفصل الدراسي الأول	١٦-١٨ جمادىٰ الآخرة
الحفل الختامي	٢٠ جمادىٰ الآخرة
إجازة الفصل الدراسي الأول	٢١ جمادىٰ الآخرة إلىٰ نهاية الشهر

الفصل الدراسي الثاني:

مدة الدراسة	خمسة أشهر (رجب، شعبان، رمضان، شوّال، ذي القعدة)
بداية الدراسة	١ رجب
إجازة رمضان	٢٠ رمضان إلى ٤ شوّال
المراجعة	١-٨ ذي الحجة
إجازة عيد الأضحى	٩-١٣ ذي الحجة
اختبارات الفصل الدراسي الثاني	١٦-١٨ ذي الحجة
الحفل الختامي	٢٠ ذي الحجة
إجازة الفصل الدراسي الثاني	٢١ ذي الحجة إلى ٢ محرّم

سابعًا: تقسيم الدّراسة إلى مراحل دراسيّة مع تحديد ما يطلب إنجازه في كلّ مرحلة، فهذا أدعى إلى إثارة الحماس، ورفع دافعيّة الطلّاب نحو التعلّم، على خلاف ما إذا كانت الدّراسة على نظام المستوى الدراسيّ الواحد الممتدّ من القراءة والكتابة إلى ختم القرآن،

وهو المتّبع في أغلب خلاوي القرآن في بلادنا.

وثمّة تقسيمات عدّة يمكن اتّباعها في تقسيم مراحل التّعليم في الخلوة القرآنيّة، فهناك التقسيم الثلاثيّ(تأسيسيّ، متوسّط، متقدّم) والرباعيّ(تأسيسيّ، متوسّط، متقدّم، متميّز) والخماسيّ(تمهيديّ، تأسيسيّ، متوسّط، متقدّم، متميّز). ولكننا، نقترح هنا تقسيمًا سُداسيًّا على النّحو المبيّن في الجدول أدناه:

م	المستوىٰ	المقرّر	المدة الزمنية
١	تمهيدي	برنامج القراءة والكتابة كاملا	تحـدّدها المدرسـة طبقا لقدرات الطلاب
٢	تأسيسي	من جزء عمّ إلىٰ نهاية سورة الأحقاف (٥ أجزاء) مع حفظ أذكار اليوم والليلة، وبعض الأحاديث المختارة	تحـددها المدرسـة طبقًا لقدرات الطلاب
٣	متوسط	من بداية الجاثية إلىٰ نهاية الكهف (١٠ أجزاء) مع دراسة تفسير جزئي	=

		عمّ وتبارك، وتعزيز أذكار اليوم والليلة، ودراسة متن في التربية الإسلامية ككتاب أساسيات في التربية الإسلامية للشيخ عبد الله حسن فارح	
٤	متقدم	من بداية الإسراء إلىٰ ختم القرآن (١٥ جزءًا) مع دراسة تفسير جزء المجادلة والذاريات، ومتن مختصر في الحديث، ومتن في السيرة، ومتن في العقيدة	=
٥	الحافظ	يكون التركيز فيه علىٰ تثبيت الحفظ، مع دراسة مكثفة للتفسير، وبعض المتون الشرعية في العقيدة، والسيرة النبوية، والحديث..الخ	=
٦	الحافظ المتقن	ويكون التركيز فيه علىٰ إتقان الحفظ، وإجازة الطالب برواية حفص، وحفظ المتون ودراستها. مع الاستمرار في دراسة التفسير ومختصرات المتون الشرعية في الحديث، والعقيدة، والسيرة النبوية، والفقه.	=

ويختبر الطلّاب في نهاية كلّ مرحلة اختبارًا نهائيًّا للانتقال إلى المرحلة التي بعدها، ويقام حفلٌ ختاميٌّ لتكريم الطلّاب على إنجازهم. ويقترح نقل الطّلاب إلى صفٍّ دراسيّ آخر، غير الّذي درسوا فيه المستوى السّابق إن أمكن، وذلك لتجديد النّشاط، وتخفيف الرّتابة والملل.

ثامنًا: مقترح منهج القراءة والكتابة:

يتصدّر برنامج (القراءة والكتابة) قائمة الجوانب المحوريّة في خطّة عمل الخلاوي القرآنية؛ وذلك لأنّ حفظ القرآن وإجادته يتوقّفان على مدى إجادة القراءة والكتابة، وعليه، لا بدّ من العناية به، وإيلائه أهمّية كبيرة. وفيما يلي بعض المقترحات في تطويره:

١ - إعطاء أهميةً خاصّة لبرنامج القراءة والكتابة، وذلك بالعناية بتحديد مستوى الطّلاب في القراءة والكتابة بين الفينة والأخرى، وإدراج حصصٍ خاصّة للتدريب عليها في الجدول الأسبوعيّ.

٢- تحديد ما يُدرسُ في برنامج القراءة والكتابة تحديدًا دقيقًا، ويحدّد كذلك المدّة الزمنيّة التي ستُغطّى فيها كلّ جزئية منها، وأن يكون هناك تقويم في نهاية كلّ وحدة دراسيّة.

٣- وضع اختبار في تحديد المستوى في القراءة والكتابة يمرّ عليه كل طالبِ عند تسجيله في المركز، حتى ولو كان خاتمًا للقرآن، وذلك للتأكّد من مستواه في القراءة والكتابة، ولوضع حلول علاجيّة له، إذا

كان يعاني من ضعف في القراءة والكتابة.

٤- العمر المفضّل لقبول الطالب في برنامج القراءة والكتابة خمس سنوات فما فوق.

٥- إيلاء عنايةً خاصّة لاختيار المعلّم الذي سيتولّى تدريس القراءة والكتابة، ومن الشروط المطلوبة تحققها فيه: أن يتقن خطّ النسخ حتى يكون قدوة حسنة لتلامذته، وأن يكون ملمًّا بالتجويد النظري، وأن يكون أداؤه جيّدًا.

ومّما تجدر الإشادة به -في حديثنا عن تطوير برنامج القراءة والكتابة في الخلاوي القرآنية- التجربة الفريدة التي ابتكرها الأستاذ آدم محمد المعروف بمعلم (باريو)، وهي تجربة فريدة في تطوير برنامج (القراءة والكتابة) استفادت منها شريحة كبيرة من المعلّمين والمعلّمات في العاصمة الكينية (نيروبي)، وفي غيرها من المدن في منطقة شمال (شرق كينيا)، وامتدّ أثرها كذلك إلى الصّومال عبر التدريب، والزيارات. وتتلخّص تجربته في تطوير تعليم القراءة والكتابة في الآتي:

أ- تعليم الأطفال القراءة والكتابة من خلال الألعاب والأنشطة التربوية، ويدرّب المعلّم الذي سيتولّى تدريس القراءة والكتابة بتلك الخطوات والأنشطة في دورة خاصّة.

ب- تحديد موضوعات القراءة والكتابة التي تدرس في برنامج القراءة والكتابة، مع تحديد المدّة الزمنية لكلّ موضوع، ويمرّ الطلاب على

اختبار بعد نهاية كلّ موضوع.

جـ- تعليم الأطفال القراءة والكتابة مع التركيز على الجوانب الآتية:

- تدريبهم على القراءة والكتابة حتى يكونوا قادرين على قراءة النصوص العربيّة المشكولة، وكتابة ما يُملى عليهم.
- تحسين الخط: عن طريق تدريبهم بخطّ النسخ.
- تعليم الطلّاب أحكام التّجويد الأساسيّة، نظريًا، وتدريبهم عليها تطبيقيًا.
- إعطاء الطلّاب فكرة عن أهمّ مصطلحات الرّسم العثمانيّ، لاسيّما تلك التي تؤثّر في التلاوة: كالألف الفارقة، ورموز كتابة التنوين مع الإظهار والإدغام والقلب، ونحوها.

٦- مقترح تقسيم موضوعات القراءة والكتابة على الأشهر[١]

م	الموضوعات	المدة التقريبية
١	**حروف الهجاء** وتشمل الآتي: قراءة وكتابة الحروف، والتعرف على حروف الاستعلاء، والحروف اللثوية، والحروف التي تنزل من السطر والتي لا تنزل من السطر، وحروف الصفير،	شهرين ونصف

(١) جمعنا هذا المقترح من بعض المراكز النموذجيّة، وهي اجتهادات تقريبية، تخضع للفئة العمرية للأطفال، ومدى تقارب مستويات أفرادها في الذكاء ونحوه.

م	الموضوعات	المدة التقريبية
	والحروف التي لا تتصل بما بعدها	
	الاختبار الأول «في الحروف الهجائية»	
٢	الحركات وتشمل الفتحة، والضمة، الكسرة	شهرين
	الاختبار الثاني في الحركات وما قبلها من الموضوعات	
٣	السكون ويدرس معه القلقلة، وأحكام الراءات.	٢٠ يومًا
	الاختبار الثالث في السكون وما قبله من الموضوعات	
٤	الشدّة وتشمل أحكام الميم والنون المشددتين	يومان
	الاختبار الرابع في الشدّة وما قبلها من الموضوعات	
٥	المد ويشمل: المدّ بالألف، والمدّ بالياء، والمدّ بالواو، وأنواع المدّ (الطبيعيّ، المنفصل، المتّصل، مدّ الصّلة، اللّازم)	شهرين

م	الموضوعات	المدة التقريبية
	الاختبار الخامس في المدّ وما قبله من الموضوعات	
٦	التنوين ويشمل أحكام النون الساكنة والتنوين (الإظهار، والإدغام، والقلب، والإخفاء)	أسبوعين
	الاختبار السّادس في التنوين، وأحكام النون الساكنة والتنوين	
٧	الهمزات همزة الوصل وهمزة القطع	أسبوعين
	الاختبار السابع في الهمزات وما قبلها من الموضوعات	
٨	اللّام القمريّة واللّام الشّمسيّة	٥ أيام
	الاختبار الثامن في اللّام القمرية، واللّام الشّمسيّة وما قبلها	
٩	التدريب على الوقوف وأنواعها	ثلاثة أيام
	الاختبار التاسع في الوقوف	
١٠	التدريب والاستعداد للتخرّج	أسبوعين
	الاختبار النهائيّ	

تاسعًا: مقترح منهج التحفيظ:

من المقترحات في تطوير منهج قسم التحفيظ ما يأتي:

١- وضع خطّة في الحفظ لكلّ طالب، يُحدّد فيها نصاب الحفظ اليوميّ، والمراجعة اليوميّة، والمحفوظ التقريبيّ المتوقّع للشّهر وللسّنة، والموعد التقريبيّ المتوقّع لختم الطالب القرآن.

٢- لا بأس بتقسيم الطلّاب إلى مجموعات في الحفظ والمراجعة، وذلك لإثارة الحماس والتنافس بين أفراد المجموعة الواحدة من جهة، وبين المجموعات المختلفة من جهة أخرى. وينبغي عند تقسيم الطلّاب إلى مجموعات مراعاة الفروق الفرديّة بين الطلّاب.

وهذا مقترح لنصاب الحفظ اليوميّ للطالب المتوسط:

المجموعة	نصاب الحفظ اليومي
من سورة الناس إلى القارعة	ثلاثة أسطر
من القارعة إلى الأعلى	٥ أسطر
من الأعلى إلى النبأ	٥ أسطر
من النبأ إلى الأحقاف	نصف صفحة
من الأحقاف إلى العنكبوت	ثلثي صفحة
من القصص إلى الكهف	صفحة
من الكهف إلى التوبة	صفحة ونصف
من الأنفال إلى البقرة	صفحتين

أما عن منهجيّة تحفيظ الدرس الجديد فيمكن اتباع الخطوات الآتية:

أ. يقرأ المعلم للطالب الدرس الجديد ثلاث مرّات، أو مرّتين حسب مستوى الطّالب.

ب. يطلب المعلّم من الطّالب أن يقرأ الدّرس من المصحف للتأكّد من صحّة ما يقرأ.

جـ. يطلب من الطّالب أن يقرأ كلّ آية من الدّرس عددًا من المرّات، حتى يتمكّن من القراءة الصحيحة.

د. يطلب من وليّ أمر الطالب أن يُحضر له مصحف القلم النّاطق؛ ليستعين به في حفظ الدرس في البيت.

هـ. يطلب من الطالب أن يجمع الدرس الجديد مع الدرس الذي قبله عند تسميع الدرس الجديد لتقوية الحفظ، وتسهيل جمع السّورة له بعد ختمها.

و. يستخدم المعلّم بعض المحفّزات لرفع دافعية الطلاب للحفظ، ومن أهمّها تخصيص هدية للطالب الذي لم يخطأ في درسه من بداية الشهر إلى نهايته ونحوها.

عاشرًا: مقترح تطوير منهج التربية الإسلاميّة المصاحب:

١. ينبغي أن يكون للمدرسة منهج متّبعٌ في تدريس التربية الإسلاميّة، وألّا تكتفي بتحفيظ الأطفال ألفاظ القرآن دون فهم معانيها.

٢. ممّا ينبغي مراعاته في منهج التربية الإسلامية التدرّج من السهل إلى الصعب.

٣. ينبغي أن تحتوي خطة منهج التربية الإسلامية المصاحب على مقرّرات في العقيدة، والحديث، والأذكار، والفقه، والسّيرة النبويّة، والآداب. وتُحدّد المقرّرات والكتب الدراسية طبقًا لقدرات الطلّاب وأعمارهم، وحسب توافر المقرّرات في المكتبات.

المبحث الرابع

مقترحات حلّ المشكلات الإداريّة

وضَّحنا في المبحث الأوّل من هذه الدّراسة أهميّة الإدارة المدرسيّة في تربية الأجيال، ودورها المحوريّ في نجاح التربية والتعليم، أو إخفاقهما، ووضّحنا كذلك صورًا من الضعف الإداريّ في الخلاوي القرآنيّة، وفيما يلي عرضٌ لبعض المقترحات في تحسينها:

١- ينبغي أن يحرص القائمون على الخلاوي القرآنيّة على الاطّلاع على مبادئ علم الإدارة بشكل عام، والإدارة التربويّة بشكلٍ خاصّ، وذلك من خلال حضور الدورات التدريبيّة، والاطّلاع على المراجع ومقاطع الفيديو المتعلّقة بذلك، وهي كثيرة جدًّا في شبكة الإنترنت.

٢- تنظيم دورات في الإدارة للقائمين على المراكز والخلاوي القرآنيّة، ويُقترح أن يكون للجمعيات القرآنيّة ومراكز الإقراء دور المبادرة إلى تنظيم مثل هذه الدّورات؛ وذلك لما للجمعيات ومراكز الإقراء من التأثير الكبير على شرائح واسعة من معلّمي القرآن الكريم.

٣- لا بدّ أن يكون للخلوة القرآنية مكتبٌ إداريٌّ، ومديرٌ يقوم بإدارة أعمالها، بحيث لا يمكن أن يخلو مجتمعٌ تعليميٌّ بحجم الخلوة القرآنيّة من مكتب يُستقبل فيه الضيوف وأولياء الأمور، وتحفظ فيه الملفّات، وتدار

فيه أمور الخلوة، ويتحتَّم هذا الأمر خاصّة على خلاوي القرآن في المدن، والخلاوي التي تتألّف من عدد من الحلقات.

ونؤكّد على هذا الأمر هنا، مع كونه من المسلّمات؛ لأنّ الكثير من العاملين في الخلاوي القرآنيّة لا زالوا يستبعدون أن يكون للخلوة القرآنيّة مكتبٌ بدعوى أنّه من الكماليات؛ لأنّ الخلوة في نظرهم عبارةٌ عن غرفةٍ فيها معلّم وطلابٌ، وإذا جاء أحد أولياء الأمور للاستفسار أو للشكوى يخرج المعلّم إلى خارج الغرفة لمقابلته. وهذا الأمر وإن كان- ولا يزال- واقعًا مفروضًا على الخلاوي التي تتألّف من غرفة واحدة في القرى والأرياف والمدن الصغيرة، فإنه مرفوضٌ في حق المدارس الكبيرة في الحواضر، والتي تتألف من عددٍ من الفصول والحلقات.

٤- إعفاء مدير المركز القرآنيّ من الحصص، أو تخفيض نصابه من المهام التدريسيّة على الأقلّ؛ وذلك لعظم المسؤوليات الملقاة على عاتقه، من التخطيط، والمتابعة، والتواصل مع أولياء الأمور، وتفقّد أحوال الطلّاب، وتقويم العمليّة التربويّة، وذلك فضلًا عن إشرافه على الموارد الماليّة، وصرف الرواتب، والبحث عن حلولٍ للمشاكل الاقتصاديّة التي تواجه الخلوة، إلى غير ذلك من المهام.

٥- إعداد خطّة سنويّة للمركز القرآنيّ، وينبغي أن يُحدّد في الخطّة الأهداف العامّة والخاصّة، والأهداف التعليميّة، والأهداف التربويّة، والخطّة السّنويّة التقريبيّة لكلّ طالبٍ أو لكلّ مجموعة من الطلّاب؛ وذلك ليتسنّى للمدير متابعة جميع الأفراد، والأقسام،

والأنشطة، بشكل دقيق.

٦- على مدير الخلوة القرآنية متابعة سير الخلوة على الخطط المرسومة، والتأكّد من حضور الطّلاب والمعلّمين في الوقت المحدّد، والتأكّد من مدى إنجاز الطلّاب المهام اليوميّة، والأسبوعيّة، والشهريّة، وذلك لاكتشاف المشكلات ومعالجتها أولًا بأول.

٧- يجب أن يكون للخلوة القرآنيّة سجلّات لتدوين الحضور والانصراف، وسجلّات المتابعة اليومية للطلاب، وغيرها من الملفّات والسجلّات الإداريّة.

٨- البيت والمدرسة شريكان في تربية الطفل وتعليمه، فلهذا ينبغي أن تتعامل إدارة المدرسة مع أولياء الأمور بكل احترام وتوقير، وأن تُعلِمَهم بالمستجدّات أوّلًا بأوّل، وأن تستمع إلى شكاويهم ومقترحاتهم، وأن تدفعهم إلى التعاون مع إدارة المدرسة في تحقيق أهداف المدرسة والحفاظ على لوائحها، وأن تقترح عليهم سبل دعم أطفالهم في التعليم.

٩- ينبغي أن يكون موقف إدارة المدرسة من اقتراحات أولياء الأمور مرنًا ومحكّمًا في نفس الوقت، فلا إفراط في أخذها والانصياع لها؛ ممّا قد يتسبّب في التشويش على خطّة المدرسة وأهدافها ولوائحها، ولا تفريط في الاستماع إلى آرائهم، والاستفادة من مقترحاتهم، فهم شركاء مع المدرسة في تحقيق الأهداف.

وأخيرًا أختم بنصيحتين لإدارة الخلوة القرآنية، وأصلها نصيحة وجّهتُها لأحد الإخوة حين سألني: **بم تنصحني وأنا قادم علىٰ إدارة مدرسةٍ قرآنيّة، وهو عملٌ جديدٌ عليّ؟** فقلت له: الكلام في هذا الباب كثير ومُتَشَعِّب، ولكنّي سأقول لك أكبر عيبين في الإدارة يمكن أن تواجهها إدارة الحلقة، أو المركز القرآني، وهما:

العيب الأول: أن يغيب طالبٌ يومًا أو أكثر دون أن تعلم الإدارة بغيابه، وأسوأ حالةٍ عندما يضيع الطالب بين البيت والمدرسة، يخرج من البيت على أنه ذاهبٌ إلى المدرسة، ولا يذهب إليها! وهنا، نصحته بأن يأخذ الحضور والغياب يوميًا عند بداية الحصّة الأولى، ويتّصل بوليّ أمر الطالب الغائب -بدون عذرٍ- مباشرة.

العيب الثاني : أن يأتي طالبٌ إلى المركز أو الخلوة وينصرف دون أن يأخذ درسًا، وهذا يحصل بسبب الإهمال، وضعف المتابعة، وكثرة عدد التلاميذ في الفصل. وهذه من أسوأ الحالات الّتي ينبغي الحذر منها؛ لما فيها من هضم حقّ هذا الطالب المسكين الذي أُوقِظَ من نومه، ثم يجلس في المركز ساعاتٍ طويلة، ويرجع دون أن يأخذ حقّه!

❁ ❁ ❁

المبحث الخامس

حلول مقترحة لحلّ مشكلات بيئة التعليم

استعرضنا في الفصل الثاني من هذه الدّراسة جوانب القصور في البيئة المدرسية في الخلاوي القرآنية. وفيما يلي بعض المقترحات لتحسينها:

أولا: الاعتماد على الذّات، وتضامن الأسر وأولياء الأمور مع إدارة المدرسة؛ لإخراج الخلاوي من الأماكن الضّيقة غير الملائمة، تقربًا إلى الله، وتأكيدًا على حبّنا لكلامه؛ فمن التناقض البيّن أن نصرف هذا الجهد في تسجيل أبنائنا في الخلاوي القرآنيّة، ونجعل اجتيازهم لختم القرآن شرطًا أساسيًّا في تسجيلهم في التعليم النظاميّ؛ ثم نترك خلاوي القرآن تقبع في الزّوايا الضيّقة.

ومن الغريب جدًّا في هذا السّياق، أن تجد البعض يرفُض الإسهام في بناء خلوة قرآنيّة بدعوى أنها منشأة خاصةٌ بمعلّم القرآن، وهي فكرة خاطئة ينبغي تصحيحها؛ لأنّ الخلوة القرآنيّة مِلكٌ عام لسكّان الحيّ وهم من يستفيدون منها، والمعلّم متفضلٌ عليهم بأن ترك الانشغال في دنياه، وجلس لتعليم أبنائهم وتربيتهم؛ هذا مع علمنا بأنّ المعلّمين لا يتقاضون رواتب شهريّة تغطي الحاجات الضروريّة لأسرهم، في هذا

العالم الذي يعصف به الغلاء الفاحش.

ثانيًا: ينبغي أن تأخذ إدارة الخلوة القرآنيّة الدّور القياديّ في تحسين بيئة التعليم في الخلوة، ويبدأ هذا من اقتناع إدارة الخلوة بضرورة تحسين بيئة التعليم في الخلوة، وأن تكون لديها إرادة قوية وثقة بالله، وأن تأخذ كلّ الأسباب المادّيّة والتي من أهمّها: إقناع أولياء أمور الطلبة ووجهاء الحيّ وتجّارها بالمشروع ، وتكوين لجنة من أولياء الأمور تساعد إدارة الخلوة في هذا المشروع.

ثالثًا: يُقترح على القائمين على الخلاوي القرآنيّة توفير مبلغ من المال شهريًّا -إن أمكن- لتحسين البيئة المدرسيّة في الخلوة القرآنية.

رابعًا: الاهتمام بالنظافة العامّة للخلوة؛ لجعل المكان لائقًا بتعليم كلام الله عزّ وجلّ.

خامسًا: توفير مراوح في الخلوة القرآنيّة، لا سيّما في مواسم ارتفاع الحرارة، وذلك لتهيئة جوّ مناسب للتعليم في الخلوة القرآنيّة.

سادسًا: الأفضل أن يكون للخلوة القرآنيّة زيٌ مدرسيٌ موحّدٌ كما هو متّبعٌ في المدارس النظاميّة، وينبغي أن يُتشدّد في نظافته ولياقته، فهذا أدعى إلى التحكّم وضبط النظافة، وأجمل للمنظر العام.

سابعًا: العناية بجماليات الصفّ الدّراسي، وتزيينه باللّوحات التعليميّة، والملصقات الهادفة، والألوان الخلّابة المتناسقة، مع العلم بأنّها لا تكلّف كثيرًا من المال؛ على الرّغم من أهمّيتها الكبيرة في

نفسيّات الطلاب، وتحصيلهم العلميّ، وما يمكن أن يُغرس من خلالها من القيم والمبادئ والأفكار.

ثامنًا: توفير كراسي وطاولات مناسبة لأطفال قسم القراءة والكتابة لما يُكلَّفون به من واجبات الكتابة وإعادة النسخ.

تاسعًا: تقليل ساعات الدّوام في قسم التّحفيظ، وقد ذكرنا آنفًا أنّها تمتد غالبًا من السادسة والنصف صباحًا إلى قبيل المغرب، وهو أمرٌ جيّدٌ إذا نظرنا إلى ما يوفّره للطلّاب من التعلّم المتتابع أو المركّز، ولكنه ينطوي على سلبيةٍ أيضًا، وذلك لما يترتّب عليه من ملل المتعلّم، وضعف تركيزه. وقد أثبتت الدراسات العلميّة أن التمرين الموزَّع القائم على توزيع ساعات التعلُّم في أيّام متتالية، أفضل من التمرين المكثّف، أو التعليم المكثّف، القائم على بقاء المتعلّم في التمرين والتعلّم ساعات طويلة متتالية في نفس اليوم [1]. وذلك لما يتركه من الأثر السلبيّ في نفسية الطالب واستعداده للتعلّم؛ الأمر الذي يجعل بقاءه في الخلوة متعبًا مشتّت الذهن لا جدوى منه.

وبناءً على ما سبق، نقترح أن تُقَلَّل ساعات دوام الأطفال الصغار في قسم القراءة والكتابة بحيث لا تتجاوز خمس ساعات على الأكثر (من السّاعة السّابعة صباحًا إلى الثّانية عشرة مثلا). وألّا تتجاوز

---

(١) حنان عبد الحميد العنابي، علم النفس التربوي (مرجع سابق)، (ص٢٢٨).

ساعات دوام طلاب قسم التحفيظ ثماني ساعات(من السابعة إلى الثالثة مثلا) مع ملاحظة أن تتخلّلها استراحات مناسبة، بما فيها استراحة القيلولة.

عاشرًا: بالنسبة لمشكلات العلاقات الاجتماعيّة بين الطلّاب والمعلّمين، والطلّاب والإدارة، فقد اقترحنا بعض حلولها عند حديثنا عن حلول مشكلة العنف التربويّ، ونوصي القائمين على الخلاوي القرآنيّة بأن يحرصوا على كسر الصّورة النمطيّة التي ثبتت في الأذهان عن معلّم القرآن، وأن يعلموا أن التربية بالترغيب أعمق أثرًا من التربية بالترهيب، وذلك لكون التربية بالترهيب شكليّة تذهب آثارها فور ابتعاد المتربّي من عصا المربّي وسطوته، بينما التربية بالترغيب تدوم، وتأسر قلب المتربي، وتشدّه إلى المربّى في حضرته وغيابه، وتَحمِلُه على فعل كلّ شيء من أجل إرضائه «**لأنَّ الْمُحِبَّ لِمَنْ يُحِبُّ مُطِيعُ**» (١)

❁ ❁ ❁

(١) عجز بيت للإمام الشافعي وهو قوله:

لَو كانَ حُبُّكَ صادِقًا لَأَطَعتَهُ ... إِنَّ الْمُحِبَّ لِمَنْ يُحِبُّ مُطِيعُ

راجع: ديوان الإمام الشافعي، تحقيق محمد عبد المنعم خفاجي، مكتبة الكلّيات الأزهريّة ١٩٨٥.

المبحث السّادس

حلول مقترحة لتطوير التقويم التربويّ في الخلاوي القرآنيّة

أشرنا في المبحث الثاني من هذه الدّراسة إلى أنَّ التقويم التربويّ شبه غائبٍ في ميدان تحفيظ القرآن الكريم في بلادنا، وذكرنا أيضًا بعض المشكلات التربويّة التي ترتبت على غيابه، وفيما يلي عرض لبعض المقترحات في تطوير التقويم التربوي في الخلاوي القرآنيّة مرتّبة على الأقسام الثلاثة الرئيسيّة للخلوة القرآنيّة وهي:

أولا: قسم القراءة والكتابة:

ويقترح لتطوير التقويم فيه الآتي:

١- تحديد الأهداف الأكاديميّة لقسم القراءة والكتابة.

٢- تحديد المحتوى المقرّر على برنامج القراءة والكتابة (الحروف الهجائيّة، الحركات، السّكون، التنوين، الشدّ، المدّ، همزة الوصل وهمزة القطع، اللّام القمريّة واللّام الشمسيّة)

٣- تحديد المدّة الزّمنيّة التي يقضيها الطّلاب في برنامج القراءة والكتابة، والجدول الزمنيّ للانتهاء من كلّ وحدة.

٤- المداومة على الإملاء اليوميّ والأسبوعيّ؛ تفاديًا للنسيان، وضياع

الجهود المبذولة في التدريب والتعليم.

٥- تصميم اختبار لنهاية كلّ وحدة من وحدات البرنامج (الحروف الهجائية، الحركات ...إلخ)، والأفضل أن يتولّى إجراءه معلّم غير معلّم الصف.

٦- تصميم اختبار نصفيّ، يتزامن مع انتهاء الطلّاب من نصف الموضوعات المقرّرة.

٧- تصميم اختبار نهائيّ يُجرى بعد انتهاء الطلاب من البرنامج. والأفضل أن تتولّى الإدارة إجراءه بشكل رسميّ، أو تستدعي له مُمتحنًا من خارج المدرسة.

ثانيًا: قسم التحفيظ:

ومن المقترحات في تطوير التقويم فيه الآتي:

١- تحديد الهدف من التحفيظ: هل هو حفظ القرآن الكريم كاملا؟ أم حفظ أجزاء منه؟ أم إجادة التلاوة من المصحف فقط، كما هو متبع في بعض البلدان؟

٢- تحديد المدة الزمنية المتوقّعة لختم الطالب للقرآن الكريم، ويتوصّل إليها بضرب النصاب اليوميّ للحفظ بأيّام الأسبوع، ثم بالأشهر، مع حذف أيّام العطل الأسبوعيّة، والفصليّة، والسنويّة.

٣- تقسيم برنامج الحفظ إلى مستويات كما أسلفنا (تمهيديّ، تأسيسيّ، متوسّط، ، متقدّم، حافظ، الحافظ المتقن).

٤- المداومة على التقويم المستمرّ لكلّ طالب، كأن يُسمّع قدرًا

معلومًا من المراجعة يوميًا، وأن يُسمّع السّورة في جلسة واحدة بعد الانتهاء من حفظها، وأن يختبر في الجزء بعد الفراغ منه، وغيرها من أنشطة التقويم المستمرّ، وذلك تفاديًا لتفلّت القرآن من الطالب، فهو أشدُّ تفلّتا من الإبل في عُقلها كما قاله ﷺ في الحديث الذي رواه أبو موسى الأشعري رَضِيَ اللَّهُ عَنْهُ قال قال رسول الله ﷺ (**تَعاهَدُوا هذا القُرْآنَ، فَوالذي نَفْسُ مُحَمَّدٍ بيَدِهِ لَهو أشَدُّ تَفَلُّتًا مِنَ الإبِلِ في عُقُلِها**)(١)، والأمر آكد في حقّ الحفظ الجديد.

٥- ينبغي أن يكون للخلوة القرآنيّة اختباران على الأقلّ في السّنة، يكون الأوّل في منتصف السّنة، والثاني في نهايتها. ويُحدَّدُ في التّقويم الدراسيّ مواعيد الاختبارين: النصفيّ والنهائيّ، وموعد المراجعة لكلّ اختبار، مع تحديد مسبق للقدر الذي سيختبر به كلّ طالب، أو كلّ مجموعة من الطلّاب.

وينبغي أن يُعطَى للاختبارات اهتمامٌ ملائمٌ من حيث الإعداد، والتعبئة، وإثارة التنافس بين الطلّاب، والمجموعات، والحلقات، وكذلك من حيث الإعداد الجيّد للحفل الختاميّ، ومستوى الضّيوف، والجوائز التكريميّة. والأفضل أن تتْبَع الحفل إجازة، على ما بيّناه في المنهج .

ومن فوائد الاختبارات الشاملة في الخلاوي القرآنيّة أنها تُعطي كلّ الطلّاب في الخلوة نفس المستوى من العناية والإعداد والتقويم

---

(١) رواه مسلم في صحيحه برقم (٧٩١)، والبخاري برقم (٥٠٣٣).

المستمرّ، على خلاف ما تنتهجه بعض المدارس من تركيز الجهد على طالب واحدٍ، أو مجموعة من الطّلاب يُعَدُّون لتمثيل المدرسة في المسابقات، مع إهمال بقيّة الطلّاب، وفي هذا خيانة لأولياء الأمور الذين ائتمنوا إدارة المدرسة، وسلّموا لهم فلذات أكبادهم. هذا فضلا عن أن الأيّام تكشف إخفاق المدارس التي تنتهج هذا النهج، وإن تباهت بعض الوقت بفوزها بالمراكز الأولى في المسابقات.

ثالثًا: المنهج الشرعي المصاحب:

ويُقترح لتطوير التقويم فيه ما يأتي :

١. تحديد الأهداف التعليميّة والتربويّة للمنهج الشرعيّ المصاحب.

٢. تحديد الكتب المقرّرة على كلّ فصلٍ دراسيّ، مع مراعاة المستوى المعرفيّ والعمريّ للطلّاب.

٣. المداومة على التقويم المستمرّ في نهاية الوحدات، والفصول، والأبواب، وعند الفراغ من كلّ جزء مترابط من الكتب المقرّرة.

٤. إجراء اختبار شفويّ واختبار تحريريّ في الكتب المقرّرة، ضمن الاختبارات النصفيّة والنهائيّة للمدرسة.

٥. تكريم الفائزين في المنهج الشرعي وحفظ المتون في الحفل الختامي.

المبحث السابع

مقترحات حلّ مشكلة ضعف المخرجات

ذكرنا في المبحث الثّاني من هذه الدّراسة أن هناك ضعفًا في مخرجات الخلاوي القرآنيّة في الصّومال في الجانبين: التعليميّ والتربويّ، وقد اقترحت الدّراسة بعض الحلول لمشكلة ضعف مخرجات التعليم.

أما بالنّسبة لضعفِ المخرجات التربويّة، فالأمر ذو شقّين: شقٌّ يرجع إلى نمط العلاقات الإنسانيّة السّائدة في الخلاوي القرآنيّة بين المعلّمين والطلّاب، وبين الطلّاب والإدارة، وقد استعرضت الدّراسة بعض حلولها. والشق الثاني هو: ضعف التربية الروحيّة في الخلاوي القرآنيّة، وانصراف جلّ الجهد إلى الحفظ، دون التزكية والتربية.

وفي النقاط الآتية عرضٌ لبعض المقترحات في حلّ مشكلة ضعف المخرجات التربويّة في الخلاوي القرآنيّة:

أولا: ينبغي علينا معاشر المعلّمين أن نصلح أنفسنا أولًا، إذ لا شكَّ أنّ إصلاح المعلّم والداعية فيما بينه وبين الله، واحتسابه هذا العمل العظيم الذي شرّفه الله به، يشكّل أهمّ نقطة في سبيل تأثيره على أتباعه. قال الإمام بدر الدين ابن جماعة رَحِمَهُ ٱللَّهُ «**إنَّ العلماء هم القدوة، وإليهم المرجع في الأحكام، وهم حجة الله تعالىٰ علىٰ العوام، وقد**

يراقبهم للأخذ عنهم من لا ينظرون، ويقتدىٰ بهديهم من لا يعلمون، وإذا لم ينتفع العالم بعلمه فغيره أبعد عن الانتفاع به»(١).

وروي عن الإمام علي بن أبي طالب رَضِيَ اللَّهُ عَنْهُ أنه قال: «يا حملة القرآن، أو قال: يا حملة العلم: اعملوا به؛ فإنما العالم من عمل بما علم، ووافق علمه عمله، وسيكون أقوام يحملون العلم لا يجاوز تراقيهم، يخالف عملهم علمهم، وتخالف سريرتهم علانيتهم، يجلسون حلقًا يباهي بعضهم بعضًا، حتىٰ إنّ الرجل ليغضب علىٰ جليسه أن يجلس إلىٰ غيره ويدعه، أولئك لا تصعد أعمالهم في مجالسهم تلك إلىٰ الله تعالىٰ» (٢).

وصدَق الشاعر محمود الورّاق إذ يقول:(٣)

إذا أَنتَ لَم يَنفَعكَ عِلمُكَ لَم تَجِد لِعِلمِكَ مَخلوقًا مِنَ الناسِ يَقبَلُه
وَإِن زانَكَ العِلمُ الَّذي قَد حَمَلتَهُ وَجَدتَ لَهُ مَن يَجتَنيهِ وَيَحمِلُه (٤)

(١) بدر الدين ابن جماعة، تذكرة السامع والمتكلم في أدب العالم والمتعلم، تحقيق: محمد هاشم الندوي، دار المعارف، بيروت ١٣٥٤هـ، (ص٢١).

(٢) أبو محمد عبد الله بن عبد الرحمن الدّارمي: سنن الدارميّ، دار المغني للنشر والتوزيع، المملكة العربية السعوديّة ٢٠٠٠م، (١/ ٣٨٢)، وأبو زكريا يحيى بن شرف الدين النووي، التبيان في آداب حملة القرآن (مرجع سابق) (ص٣٣).

(٣) هو محمد بن الحسن الورّاق من شعراء القرن الثاني والثالث من الهجرة، اشتهر بشعره الحكمة والموعظة، توفي في خلافة المعتصم في حدود (٢٣٠هـ) انظر :ديوان محمود الورّاق، ت: وليد قصّاب، مؤسّسة الفنون، عجمان الإمارات العربية المتحدة ١٩٩١م، (ص١١، ١٩).

(٤) المرجع نفسه (ص١٧٥).

فلهذا ينبغي أن نعتني بإصلاح حالنا، حتى ينفع الله بنا، ويصلح تلامذتنا، وقد روي عن شهر بن حوشب رَحِمَهُ ٱللَّهُ أنّه قال: **إِذَا حَدَّثَ الرَّجُلُ الْقَوْمَ فَإِنَّ حَدِيثَهُ يَقَعُ مِنْ قُلُوبِهِمْ مَوْقِعَهُ مِنْ قَلْبِهِ**»[(١)] وروي عن مالك بن دينار قوله: «**إِنَّ الْعَالِمَ إِذَا لَمْ يَعْمَلْ بِعِلْمِهِ زَلَّتْ مَوْعِظَتُهُ عَنِ الْقُلُوبِ كَمَا يَزَلُّ الْقَطْرُ عَنِ الصَّفَا**»[(٢)]، بل إنّ العمل والسمت الطيب أبلغ من الكلام الكثير والمواعظ البليغة، كما روي عن بعض السّلف أنّهم قالوا عن الحسن البصريّ رَحِمَهُ ٱللَّهُ: «**انَ الرَّجُلُ إِذَا نَظَرَ إِلَى الْحَسَنِ انْتَفَعَ بِهِ، وَإِنْ لَمْ يَسْمَعْ كَلَامَهُ وَلَمْ يَرَ عَمَلَهُ**»[(٣)].

ثانيًا: إعادة ضبط الأهداف التي من أجلها نعلّم الأبناء القرآن، فقد تحوّلت عند الكثير منّا إلى مجرّد الحفظ، دون التزكية والتربية؛ فكانت النتائج على قدر نيّاتنا «وإنما يعطى الناس على قدر نياتهم»[(٤)].

وقد تناولنا عند حديثنا عن مقترحات تصحيح منهجيّة تعليم القرآن الكريم في بلادنا، أن نبني أولويتنا على المجالات الثلاثة للتربية النبويّة التي بيّنها الله تعالى في قوله: ﴿ هُوَ ٱلَّذِى بَعَثَ فِى ٱلْأُمِّيِّـۧنَ رَسُولًا مِّنْهُمْ

---

(١) أبو نعيم الأصبهاني، حلية الأولياء وطبقات الأصفياء، مطبعة دار السعادة ١٩٧٤م، (٦/ ٦٢).

(٢) أبو عبد الله أحمد بن محمد بن حنبل، كتاب الزهد، دار الكتب العلميّة ١٩٩٩م، (ص٢٦٢).

(٣) أبو الفداء إسماعيل بن عمر بن كثير، البداية والنهاية، دار هجر للطباعة والنشر، ٢٠٠٣م، (١٣/ ٥٥).

(٤) ينسب هذا الأثر إلى ابن عباس رَضِيَ ٱللَّهُ عَنْهُ بلفظ: «إنما يَحفظ الرجل على قدر نيته» وروي عن غيره: «إنما يعطى الناس على قدر نياتهم» راجع التبيان في آداب حملة القرآن للإمام النووي (مرجع سابق) (ص٢٧).

يَتْلُواْ عَلَيْهِمْ ءَايَٰتِهِۦ وَيُزَكِّيهِمْ وَيُعَلِّمُهُمُ ٱلْكِتَٰبَ وَٱلْحِكْمَةَ وَإِن كَانُواْ مِن قَبْلُ لَفِى ضَلَٰلٍ مُّبِينٍ ﴿٢﴾ وَءَاخَرِينَ مِنْهُمْ لَمَّا يَلْحَقُواْ بِهِمْ وَهُوَ ٱلْعَزِيزُ ٱلْحَكِيمُ﴾ [الجمعة: ٢-٣].

ولعلّ سائلًا يسأل: المهمّة الأولى قد فهمناها، وهي تعليم التلاوة، والمهمّة الثالثة كذلك، وهي تعليم التفسير والسّنّة وعلوم الشريعة، فكيف تكون تطبيقات المهمّة الثانية وهي التزكية المشار إليها بقوله: ﴿وَيُزَكِّيهِمْ﴾، وجوابًا على هذا نقول: لا شكَّ أنّ هذه المهمّة أصعب مهمّة في هذه الثلاثية، وهي من حيث الأهمّية كمثل الرأس من الجسد. وفي النقاط الآتية بعض المقترحات التطبيقيّة التي نرجو أن تُسهم في إثارة ذهن المربّي؛ ليعمل على تطويرها والإضافة إليها، وتتلخّص فكرتها في وضع خطّة للتربية الروحيّة الإيمانيّة في الخلوة القرآنيّة، ومن أنشطتها ما يأتي:

١- أداء أذكار الصباح والمساء والذكر بعد الصلوات المفروضة جماعيًا في الخلوة، وذلك لتعويد الطلاب على الالتزام بالأذكار المأثورة في وقتها[1].

٢- أن يَتخوَّل المعلّم طلّابه بالموعظة الحسنة، ويذكّرهم بالله، ويشعرهم بعظمة ما تشرَّفوا به من حفظ كلام الله، وما ينبغي لهم من التخلّق به من الأخلاق الحميدة، حتى تكون فعالهم مطابقةً لما يحملونه في صدورهم.

---

(١) الذكر الجماعي بقصد التعبّد بدعة، أمّا إذا كان للتعليم والتربية فلا حرج عليه، بشرط أن يقتصر على الحدّ اللازم للتعليم، راجع فتوى مجلس الفتوى في الشبكة الإسلامية (إسلام ويب) على هذا الرابط: https://www.islamweb.net/ar/fatwa/131253

وهنا ننبّه على أن الصّغار أرقُّ أفئدة من الكبار، ويتأثّرون بالوعظ، خاصّة إذا صيغ بطريقة قصصيّة تناسب عقولهم وعواطفهم الرقيقة، وعليه، ينبغي أن يراعي المعلّم في خطابه الوعظي التدرّج، وملائمة حال المستمعين، وأن يتخوّل طلّابه بالموعظة مخافة الملل، كما كانت عليه سنته ﷺ فقد روى الشّيخان عن منصور، عن شقيق أبي وائل، قال: «**كَانَ عَبْدُ اللهِ**[1] **يُذَكِّرُ النَّاسَ فِي كُل خَمِيسٍ، فَقَالَ لَهُ رَجُلٌ: يَا أَبَا عَبْدِ الرَّحْمَنِ، لَوَدِدْتُ أَنكَ ذَكَّرْتَنَا كُلَّ يَوْم. قَالَ: أَمَا إِنَّهُ يَمْنَعُنِي مِنْ ذَلِكَ أَنِّي أَكْرَهُ أَنْ أُمِلَّكُمْ، وَإِنِّي أَتَخَوَّلُكُمْ بِالَمْوْعِظَةِ كَمَا كَانَ النَّبِيُّ ﷺ يَتَخَوَّلُنَا**[2] **بِهَا، مَخَافَةَ السَّآمَةِ عَلَيْنَا**»[3]

٣- أن يكون في البرنامج اليوميّ أو الأسبوعيّ فترة للاستماع أو لمشاهدة قصص الأنبياء، وسير الصّحابة الكرام، وقصص طفولة بعض الصّحابة والتابعين، وهي كثيرة في كتب التاريخ والتراجم، ويمكن كذلك الاستعانة ببعض المقاطع في الإنترنت، بعد التأكّد من صحّة محتواها.

٤- الرّحلات والمخيّمات التربويّة، وهي من أكثر الأنشطة تأثيرًا في

---

(١) يقصد عبد الله بن مسعود الهذلي الصحابي الجليل.

(٢) يتخولنا بالموعظة ، أي يصلحنا ويقوم علينا بها، ومنه قول العرب: خال المال يخوله: أحسن القيام عليه. راجع: ابن بطّال، شرح صحيح البخاري، ت: أبو تميم ياسر بن إبراهيم، دار الرشد، الرياض المملكلة العربية السعوديّة ٢٠٠٣، (١/ ١٥٣).

(٣) رواه البخاري برقم (٧٠) ، ومسلم برقم (٢٨٢١).

تربية الناشئة، لا سيّما إذا صيغت بشكل هادف يجمع بين الفائدة والمتعة، بحيث يخلو المربّون بطلّابهم بعيدًا عن التزامات الدروس الروتينيّة، فيتبادلون الأفكار، وتتقارب قلوبهم، وتنشأ بينهم علاقة حميمة، واحترام متبادل.

٥- الصّوم الجماعيّ لفئة الأطفال المميّزين، كصوم يومي الاثنين والخميس، وصوم يوم عرفة، وعاشوراء ونحوها. ويفضّل أن تنظّم المدرسة إفطارًا جماعيًّا للطلّاب المشاركين في الصوم الجماعيّ في مكان خارج المدرسة، كأن يقام في مسجد في طرفٍ آخر من المدينة، مع تنظيم برنامج تربويّ قبل الإفطار، يشتمل على تلاوات، وخواطر يلقيها الطلبة، وقراءة أذكار المساء جماعيًا، ثم كلمة يلقيها ضيف المناسبة، ويفضُّل أن يكون من خارج المدرسة. ثمّ يختم بتوجيهات وهمسات تربويّة تحفيزيّة من مدير المدرسة، أو من معلّم الحلقة، وتخصّص الدقائق الأخيرة قبيل الإفطار للدعاء الانفراديّ، بحيث يخلو كلّ واحدٍ بربّه، ويسأله سؤله، وذلك بعد مدخل ترغيبيّ لتشويق الحاضرين إلى الدّعاء، وتذكيرهم بفضله وأسباب إجابته.

٦- زيارة العلماء ومراكز العلم، مع ترتيب برنامج الزيارة بشكل تربويّ هادف

وفي الختام نؤّكد على أنّ التربية الرُّوحية على ما ذكرناه لا تتأتّى إلا بعد العودة إلى أساليب التربية النبويّة القائمة على التربية بالحبّ

والرفق واللين، وأن تُهَيّأ أجواء قائمة على الحبّ والاحترام المتبادل بين الطلّاب والمعلّمين، وأن يُكسر الحاجز الرّهيب الذي يفصل بين المعلّم وتلامذته، وأن يحرص المعلّمون على تحفيز طلابهم وتشجيعهم بالمدح والثناء وإظهار المحبّة والإعجاب، يقول الإمام النوويّ رَحِمَهُ ٱللَّهُ فيما يجب أن يتّصف به معلّم القرآن في تعامله مع طلّابه **«وينبغي له أن يَرفق بمن يقرأ عليه، وأن يرحب به، ويحسن إليه بحسب حالهما» ثم قال: «وينبغي أن لا يتعاظم علىٰ المتعلّمين، بل يلين إليهم ويتواضع لهم، فقد جاء في التواضع لآحاد الناس أشياء كثيرة معروفة، فكيف بهؤلاء الذين هم بمنزلة أولاده، مع ما هم عليه من الاشتغال بالقرآن ، مع ما لهم عليه من حق الصحبة وتردّدهم إليه...»**[(١)].

❁ ❁ ❁

---

(١) أبي زكريا يحيى بن شرف الدين النووي، التبيان في آداب حملة القرآن للنووي(مرجع سابق) (ص٣٨-٣٩).

الخاتمة

تناولت هذه الدّراسة بالعرض والتحليل الخلوة القرآنية في الصومال، في ثلاثة مداخل استعرض الأول منها خلاوي القرآن الكريم من حيث المفهوم، ثم قدّم خلفية عن مكانة الخلوة القرآنية لدى المجتمع الصوماليّ، وأنماط خلاوي القرآن الكريم في المنطقة الصومالية، وأدبيات التعليم في كلّ منها. وفي المدخل الثاني استعرضت الدراسة أبرز المشكلات في الخلاوي القرآنية الصومالية، بينما خُصّص الثالث لعرض مقترحات حلّ تلك المشكلات. وفيما يلي أهمّ النّتائج التي توصّلت إليها الدراسة:

١- تعتبر الخلوة القرآنية مَعلمًا أساسيًا من معالم الثقافة التقليدية للشعب الصوماليّ، ولهذا قلّما يخلو أيّ مجتمع صوماليّ في أيّ مكان على وجه الأرض، في داخل الصومال وخارجه، من خلوة للقرآن الكريم، وهذا يقتضي منّا بذل مزيدٍ من الجهد لتطويرها والحفاظ عليها.

٢- تشهد الخلوة القرآنيّة الصّوماليّة حركة دائبة في طريقها إلى التطوّر، ويتّضح هذا من ظهور أنماط مختلفة من المراكز القرآنيّة في العقدين الأخيرين (رياض التحفيظ، مراكز التحفيظ، داخليات التحفيظ ، دور القرآن الكريم).

٣- قدّمت (دُور القرآن الكريم) في ولاية بونت لاند، تجربة عمليّة في الدّمج بين حفظ القرآن والتعليم النظاميّ، وهي تجربة فريدة تحتاج إلى مزيد من االدّراسة والتطوير؛ للإفادة منها وتداولها محليًّا ودوليًّا.

٤- هناك ضعف في تأهيل معلّمي القرآن الكريم في الخلاوي القرآنيّة

الصوماليّة، سواء فيما يتعلق بالإعداد العلميّ التخصصيّ في القرآن وعلومه اللازمة لتولّي تدريس القرآن، أو فيما يتعلّق بالإعداد التربويّ.

٥- من الأمور المشجّعة التي تستحق الإشادة إقبال شريحة كبيرة من معلمي القرآن الكريم في الصومال على تطوير أنفسهم من خلال الانضمام إلى مراكز الإقراء والتصحيح التي ظهرت في المدن الكبرى مؤخرًا.

٦- هناك عددٌ من المشكلات التربويّة في الخلاوي القرآنيّة نشأت من ضعف الإعداد التّربوي للمعلّمين منها: اعتماد العنف وسيلة للتربية، وعدم مراعاة الفروق الفردية، وغياب التحفيز وغيرها من المشكلات التربوية.

٧- لا يوجد في معظم خلاوي القرآن الكريم منهجيّة واضحة تُحدّد خطّة التعليم في الخلوة، والسور والأجزاء التي يدرسها كلّ طالبٍ، أو كلّ مجموعة من الطلّاب، والمدّة الزمنية لإنجازها؛ ونشأ من هذا ضعف المخرجات، وقضاء كثير من الطلّاب في الخلوة مدّة طويلة دون نتائج تذكر.

٨- لا توجد في معظم الخلاوي مراحل دراسيّة ينتقل فيها الطالب من مرحلة إلى مرحلة، وإنما يستمرّ الطالب في الخلوة في جدول مفتوحٍ يشكّل مستوى واحدًا طويلًا، يبدأ من تسجيل الطفل في الخلوة، وينتهي بختم القرآن، وهذا يؤثّر سلبًا على دافعيّة الطلّاب وتحصيلهم الدراسيّ.

٩- لا يوجد في معظم الخلاوي تقويم دراسيّ يشتمل على فصول دراسيّة، وعطل رسميّة؛ الأمر الذي جعل منسوبي الخلاوي القرآنيّة، معلّمين، وتلامذة، من أكثر الناس عناءً طول العام.

١٠- هناك ضعف في الإدارة المدرسية في الخلاوي القرآنيّة، وهذا ناتجٌ من غياب برامج تأهيل مديري الخلاوي القرآنية بأسس الإدارة التربوية، على الرّغم من أنّهم يديرون مجتمعًا واسعًا من الطّلاب وأولياء الأمور والمعلّمين.

١١- البيئة المدرسيّة في الخلاوي القرآنية ليست مهيّأة لممارسة النشاط التعليميّ، فهي في الأغلب عبارة عن غرف صغيرة مكتظّة بالطلاب، وهذا يؤثر سلبًا على دافعيّة الطّلاب، وتحصيلهم الدراسيّ.

١٢- التقويم التربويّ شبه غائب في خلاوي القرآن الكريم في الصّومال، فليس هناك ما يمكن أن يطلق عليه بأنه تقويم تربويّ منظّم، وينشأ من غيابه ضعف دافعية منسوبي الخلوة من المدرّسين والطلّاب، وضعف مخرجات التعليم.

١٣- هناك ضعفٌ في المخرجات التربوية في الخلاوي القرآنية، حيث تنقطع شريحة كبيرة من طلّابها عن القرآن وما يقتضيه من التخلّق به بعد ختمهم للقرآن ومغادرتهم للخلوة، وهذه ظاهرة مقلقة برزت إلى السطح في الآونة الأخيرة بشكل ملفت للنظر.

التوصيات:

بعد الاطّلاع على نتائج الدّراسة نوصي بالآتي:

١. تضافر الجهود الشعبيّة والرسميّة لتطوير الخلاوي القرآنيّة والحفاظ عليها، كونها المحضن التّربويّ المؤسّس الذي يمرّ عليه غالبية أبناء الشعب، والمركز التعليميّ الوحيد المتوافر لأبناء الشّعب كافّة في الحضر والبادية على حدّ سواء.

٢. العناية بتدريب المعلّمين وتأهيلهم علميًّا وتربويًّا، وتهيئتهم لاحتضان الأبناء، وتربيتهم على مائدة القرآن.

٣. نوصي معاهد الإقراء والتّصحيح توسيع دورها في تكوين المعلّم من خلال إضافة مواد تربويّة إلى برنامجها الدّراسيّ؛ لتجمع بذلك بين التكوين العلميّ التخصصيّ، والتكوين التربويّ للمعلّمين.

٤. نوصي الجامعات والكلّيات الإسلاميّة بالعناية بإعداد معلّمي القرآن الكريم، وفتح أقسام ومعاهد خاصّة لتكوينهم.

٥. نوصي إدارات المراكز القرآنيّة العناية بتطوير منهجيّة تحفيظ القرآن الكريم، من خلال ضبط الخطّة الفصليّة والسّنويّة للخلوة، وتوزيع الدّراسة إلى فصول، ووضع خطّة زمنيّة لكلّ حلقة، ولكلّ طالبٍ، والعناية بالتقويم التربويّ؛ وذلك تفاديًا للانسياب، والعشوائيّة، وضياع الجهود.

٦. نوصي القائمين على المراكز القرآنيّة باستحداث برنامج خاصّ لاحتواء الطلّاب بعد ختم القرآن، وذلك لعلاج مشكلة انقطاع علاقة الطلّاب مع القرآن بعد ختمهم للقرآن ومغادرتهم للخلوة. ويُقترح أن يحتوي البرنامج على دراسات شرعيّة متقدّمة، وأنشطة تربويّة متنوّعة لجذب الأطفال، وإشباع حاجتهم وتطلّعاتهم.

تم بحمد الله تعالى وتوفيقه

صبيحة يوم عرفة ١٤٤٤ هـ الموافق ٢٧ يونيو ٢٠٢٣م

الدّوحة - قطر

المراجع والمصادر

أولاً: الكتب والأبحاث

١- إبراهيم الفقي، قوة التحفيز، ثمرات للنشر والتوزيع، القاهرة ٢٠١١م.

٢- إبراهيم محمد شبانة، الإدارة المدرسيّة الحديثة البعد التخطيطيّ والتنظيميّ المعاصر، دار المعتز، عمان الأردن ٢٠١٥م.

٣- ابن أبي زيد القيرواني، النوادر والزِّيادات على مَا في المدَوَّنة من غيرها من الأُمهاتِ، ت: مجموعة من الباحثين، دار الغرب الإسلامي، بيروت لبنان ١٩٩٩م.

٤- ابن الجزري: محمد بن محمد بن محمد بن الجزري، التمهيد في علم التجويد، مكتبة المعارف الرياض ١٩٨٥م.

٥- ابن الجوزي، فنون الأفنان في عيون علوم القرآن، دار البشائر الإسلامية، بيروت لبنان ١٩٨٧م.

٦- ابن الرومي، ديوان ابن الرومي، دار الكتب العلميّة، بيروت لبنان ٢٠٠٢م.

٧- ابن حبان البستي، صحيح ابن حبّان، ت. أحمد شاكر، دار المعارف ١٩٥٢م.

٨- ابن حجر العسقلاني، الإصابة في تمييز الصحابة، ت: عادل أحمد عبد الموجود، وعلي محمّد معوّض، دار الكتب العلميّة، بيروت لبنان ١٤١٥هـ.

٩- ابن حجر العسقلاني، فتح الباري في شرح صحيح البخاري، ت: شعيب أرناؤوط وعادل مرشد، دار الرسالة دمشق سوريا ٢٠١٣م.

١٠- ابن حجر الهيتمي، تحرير المقال في آداب وفوائد وأحكام يحتاج إليها مؤدّبو الأطفال، ت: مجدي فتحي السيّد، مكتبة القرآن القاهرة (د.ت).

١١- ابن قدامة المقدسي، المغني، ت: طه الزيني وآخرون، مكتبة القاهرة، القاهرة ١٩٦٨م.

١٢- ابن منظور، لسان العرب دار صادر بيروت ١٤١٤هـ.

١٣- ابن هشام، السيرة النبوية، ت مصطفى السقا وزملاؤه، طبعة مصطفى البابي الحلبي وأولاده، القاهرة ١٩٥٥م.

١٤- أبو الحسين مسلم بن الحجاج القشيري النيسابوري، صحيح مسلم، ت.محمد فؤاد عبد الباقي، مطبعة عيسى البابي الحلبي وشركاه، القاهرة ١٩٥٥م.

١٥- أبو الطيب المتنبي، ديوان المتنبي، دار بيروت للطباعة والنشر، بيروت لبنان ١٩٨٣م.

١٦- أبو الفداء إسماعيل بن عمر بن كثير الدمشقيّ، البداية والنهاية، دار هجر للطباعة والنشر، الجيزة، مصر ٢٠٠٣م.

١٧- أبو القاسم الكرماني، لباب التفسير، ت: مجموعة من الباحثين في مرحلة الدكتوراه في جامعة الإمام محمّد بن سعود الإسلامية، الرياض المملكة العربية السعوديّة.(د.ت)

١٨- أبو بكر أحمد بن الحسين بن علي البيهقي، السنن الكبرى، ت. محمد عبد القادر عطا، دار الكتب العلمية، بيروت لبنان ٢٠٠٣م.

١٩- أبو جعفر بن جرير الطبري، جامع البيان عن تأويل آي القرآن (تفسير الطبري) ت. عبد الله بن عبد المحسن التركي، دار هجر للطباعة والنشر، الجيزة، مصر ٢٠٠١م.

٢٠- أبو جعفر محمد بن جرير الطبري، جامع البيان عن تأويل آي القرآن (تفسير الطبري)، طبعة مصطفى البابلي الحلبي، القاهرة ١٣٧٣هـ.

٢١- أبو داوود (سليمان بن الأشعث السجستانيّ)، سنن أبي داوود، ت: محمد محي الدين عبد الحميد، المكتبة العصرية، صيدا، بيروت.

٢٢- أبو زكريا يحيى بن شرف الدين النووي، التبيان في آداب حملة القرآن ت: بشير محمد عيون، دار المؤيد، الرياض المملكة العربيّة السعوديّة ١٩٩١م.

٢٣- أبو زكريا يحيى بن شرف الدين النووي، المجموع شرح المهذب للشيرازي، ت محمد نجيب المطيعي، مكتبة الإرشاد، جدّة المملكة العربية السعودية ١٩٨٠م.

٢٤- أبو عبد الرحمن أحمد بن علي النسائي، السنن الكبرى، المكتبة التجارية الكبرى بالقاهرة ١٩٣٠م.

٢٥- أبو محمد الطيب بن عبد الله با مخرمة الحضرمي الشافعي، قلادة النحر في وفيات أعلام الدهر، دار المنهاج، جدّة المملكة العربية السعودية ٢٠٠٨م.

٢٦- أبو محمد عبد الله بن عبد الرحمن الدارميّ: سنن الدارميّ، دار المغني للنشر والتوزيع، المملكة العربية السعودية ٢٠٠٠م.

٢٧- أبو نعيم الأصبهاني، حلية الأولياء وطبقات الأصفياء، مطبعة دار السعادة، مصر ١٩٧٤هـ.

٢٨- أحمد بن أحمد بن شرشال الجزائري، أصول التربية والتعليم كما رسمها القرآن الكريم، دار الحرمين القاهرة ٢٠٠٣م.

٢٩- أحمد بن حنبل الشيباني، مسند أحمد، ت: شعيب الأرنؤوط، عادل مرشد، وآخرون، مؤسسة الرسالة ٢٠٠١م.

٣٠- أحمد علي الإمام، الخلوة والعودة الحلوة، دار السداد للطباعة ٢٠٠٧م.

٣١- أحمد بن محمد بن حنبل الشيباني، كتاب الزهد، دار الكتب العلمية، بيروت لبنان ١٩٩٩م.

٣٢- أحمد زكي بدوي، معجم مصطلحات العلوم الاجتماعية، مكتبة لبنان بيروت ١٩٨٢م.

٣٣- أحمد مصباح اسحيم، حياة الكتاتيب وأدبيات التعليم الدينيّ في ليبيا، مجلّة أصول الدين، الجامعة الأسمريّة الإسلاميّة، ليبيا، ٢٠١٧م العدد (٢).

٣٤- أنور عقل، تطوير تقويم أداء الطالب، دار النهضة العربيّة، بيروت لبنان ٢٠٠٢م.

٣٥- بدر الدين طيب عبد الصمد، القاعدة الكونينية، مقديشو الصومال ٢٠٢١م

٣٦- بدر الدين ابن جماعة، تذكرة السامع والمتكلم في أدب العالم والمتعلم، ت: محمد هاشم الندوي، دار المعارف، بيروت ١٣٥٤هـ

٣٧- بدر الدين الزركشي، إعلام الساجد بأحكام المساجد، ت: أبو الوفا مصطفى المراغي، منشورات لجنة إحياء التراث الإسلامي بوزارة الأوقاف المصرية، القاهرة ١٩٩٦م.

٣٨- بدر الدين طيب عبد الصمد، صفحات من تاريخ الرحالة الشيخ يوسف الكونين، مقديشو الصومال ٢٠٢١م.

٣٩- بهاء الدين محمد بن يوسف بن يعقوب الجندي السَّكسَكي الكِندي، السلوك في طبقات العلماء والملوك، تحقيق محمد بن علي بن حسين الأكوع، مكتبة الإرشاد، صنعاء ١٩٩٣م

٤٠- جرير بن عطية الكلبي، ديوان جرير، شرح: محمّد بن حبيب: ت: نعمان محمّد أمين طه، دار المعارف، القاهرة ١٩٨٦م.

٤١- جيهان محمود جودة، البحث الإجرائي لحل المشكلات التربوية والسلوكية، دار الزهراء الرياض ٢٠١٤م.

٤٢- حسن بن عيسى أبو ياسين، شعر ضبّة وأخبارها في الجاهلية والإسلام، جامعة الملك سعود الرياض ١٩٩٥م.

٤٣- حسن شحاتة وزينب النجار، معجم المصطلحات التربوية والنفسية، الدار المصريّة اللبنانيّة، القاهرة ٢٠٠٣م.

٤٤- علي حلني، الدكسِ وحفظ الإسلام في الصومال، شبكة إسلام أون لاين قسم الثقافة والفن ٣ديسمبر ٢٠٠٣م.

٤٥- حنان العناني، علم النفس التربوي، دار صفاء للنشر والتوزيع، عمَّان الأردن ٢٠١٤م.

٤٦- حنان عزيز عبد الحسين، العنف التربوي وانعكاساته على التحصيل الدراسي في المرحلة الابتدائية، مجلّة البحوث والدراسات التربويّة، جامعة بغداد العدد(٤٠) للعام ٢٠١٤م.

٤٧- خالد إبراهيم الدوجان، الوجيز في علم النفس التربوي، مكتبة الرشد ناشرون الرياض، المملكة العربيّة السعوديّة ٢٠٠٩م.

٤٨- خالد عبد الرحمن الهيتي، إدارة الموارد البشرية مدخل إستراتيجيّ، دار وائل للنشر والتوزيع، عمّان الأردن ٢٠١٠م.

٤٩- خالد مطهر العدواني، إعداد المعلمين قبل وأثناء الخدمة (د.ت)

٥٠- الخليل النحوي، بلاد شنقيط، المنارة والرباط، منشورات المنظمة العربيّة للتربية والثقافة والعلوم (أليسكو) ١٩٨٧م.

٥١- الخليل بن أحمد الفراهيدي، كتاب العين، ت: مهدي المخزوميّ، وإبراهيم السامرّائيّ، دار ومكتبة الهلال، القاهرة مصر، ٢/ ١٥٧ (د.ت)

٥٢- راتب سلامة السعود، القيادة التربوية مفاهيم وآفاق، دار صفاء للنشر والتوزيع، عمّان الأردن ٢٠١٣م.

٥٣- رجاء محمود أبو علّام و نادية محمود شريف، الفروق الفردية وتطبيقاتها التربوية، المؤسسة اللبنانية للكتاب الأكاديميّ، بيروت لبنان ٢٠١٤م.

٥٤- رشا محمود حسين، الفوبيا المدرسية، دار الجامعة الجديدة للنشر، الإسكندرية ٢٠١٣م.

٥٥- سامي محمد ملجم، القياس والتقويم في التربية وعلم النفس، دار المسيرة للنشر والتوزيع والطباعة، عمّان الأردن ٢٠١٧م.

٥٦- سركز العجيلي، معجم مصطلحات العلوم التربويّة والنفسيّة، منشورات جامعة السابع من أبريل، ليبيا ١٩٩٧م.

٥٧- سليمان الخضريّ الشيخ، سيكولوجية الفروق الفردية في الذكاء، دار المسيرة عمّان الأردن ٢٠٠٧م

٥٨- صالح حاشي عرب، معجم اللغة الصومالية، معهد الأبحاث في جيبوتي ٢٠٠٥م.

٥٩- الطيب محمد الطيب، المسيد، دار العزة للنشر والتوزيع الخرطوم ٢٠٠٥م

٦٠- عائشة ديحان العازمي، علم نفس النمو، مكتبة الفلاح للنشر والتوزيع، الكويت ٢٠١٢م.

٦١- عبد الباري عبد الرحمن العلميّ، منظومة التنبّه فيما على المعلّم من التفقّه، مكتبة جرّتي، مقديشو الصومال ٢٠٢٠م.

٦٢- عبد الرحمن بن خلدون، تاريخ ابن خلدون، دار الفكر، بيروت ١٩٨١م.

٦٣- عبد العزيز المعايطة ومحمد عبد الله الجغيمان، مشكلات تربوية، دار الثقافة للنشر والتوزيع، عمّان الأردن ٢٠١٥م.

٦٤- عبد الفتاح أبو غدّة، الرسول المعلّم وأساليبه في التعليم، مكتبة المطبوعات الإسلامية بحلب، ١٩٩٦م.

٦٥- عبد الفتاح نور أشكر، مدارس القرآن، موذج تعليميّ صاعد بالصومال، الجزيرة نت بتاريخ ١/ ١٠/ ٢٠١٢م.

٦٦- عبد الملك أبو منصور الثعالبيّ، فقه اللغة وسرّ العربية، ت: عبد الرزاق المهدي، دار إحياء التراث العربي، بيروت لبنان ١٥:٢٠٠٢م.

٦٧- عبد الهادي حميتو، حياة الكتّاب وأدبيات المحضرة، منشورات وزارة الأوقاف والشؤون الإسلامية، المملكة المغربية ٢٠٠٦م.

٦٨- علي راشد، أثر بيئة التعلم، دار الفكر العربي، القاهرة ٢٠٠٦م.

٦٩- علي فوزي عبد المقصود، المقوّمات التربوية لتأهيل المعلّمين غير التربويين في ضوء متغيّرات العصر، مؤسّسة شباب الجامعة، الإسكندرية ٢٠١٤م.

٧٠- عماد بن سيف بن عبد الرحمن العبد اللطيف، أثر الحلقات القرآنية على التحصيل الدراسي والقيم الخلقية، دار التفسير جدة ٢٠١٤م

٧١- عمر عبد الرحمن نصر الله، تدني التحصيل والإنجاز المدرسي، دار وائل للنشر عمان الأردن ٢٠١٠م.

٧٢- عمرو فاخر محمد عبّاس، مشكلات التسرّب الدراسيّ الناتجة عن صعوبات التعلّم، مجلّة كلّية الخدمة الاجتماعيّة للدراسات والبحوث الاجتماعية، جامعة الفيوم، العدد العاشر.

٧٣- فليب وايتلي، التحفيز، ترجمة: يوسف أحمد الظافر، دار الكتاب العربي بيروت لبنان ٢٠٠٩م.

٧٤- فؤاد محمد موسى، المناهج مفهومها أسسها عناصرها تنظيمها، جامعة المنصورة ٢٠٠٢م.

٧٥- الفيروزآبادي، القاموس المحيط، ت: مكتبة تحقيق التراث بمؤسّسة الرسالة، مؤسسة الرسالة للطباعة والنشر، بيروت لبنان ٢٠٠٥م.

٧٦- القرطبي، تفسير القرطبي (الجامع لأحكام القرآن)، ت: أحمد البردوني، وإبراهيم أطفيش، دار الكتب المصريّة، القاهرة ١٩٦٤م.

٧٧- كامل محمد المغربي، أساليب البحث العلمي في العلوم الإنسانية والاجتماعية، دار الثقافة للنشر والتوزيع، عمّان الأردن ٢٠٠٧م.

٧٨- محمد بن إدريس الشافعي، ديوان الإمام الشافعي، ت: محمد عبد المنعم خفاجي، مكتبة الكليات الأزهرية، القاهرة ١٩٨٥م.

٧٩- محمد بن إسماعيل البخاري، الجامع الصحيح، دار ابن كثير، دمشق ٢٠٠٢م.

٨٠- محمد بن سحنون، آداب المعلمين، ت: محمود عبد المولى، الشركة الوطنية للنشر والتوزيع، الجزائر ١٩٨١م.

٨١- محمد بن عبد الله بن يونس التميمي الصقليّ، الجامع لمسائل المدّونة، ت: مجموعة من الباحثين، منشورات معهد البحوث العلميّة وإحياء التراث الإسلامي بجامعة أمّ القرى ٢٠١٣م.

٨٢- محمد حسين معلم، الثقافة العربية وروّادها في الصومال (دراسة تاريخية حضارية)، دار الفكر العربي، القاهرة ٢٠١١م.

٨٣- محمد علي عبد الكريم وآخرون، تاريخ التعليم في الصومال، مقديشو، الصومال ١٩٧٨م.

٨٤- محمد مرتضى الزبيدي، تاج العروس من جواهر القاموس، منشورات وزارة الإرشاد والأنباء في الكويت ١٩٦٥م

٨٥- محمد نور بن عبد الحفيظ سويد، منهج التربية النبوية للطفل، منشورات وزارة الأوقاف القطرية ٢٠١٤م

٨٦- محمود الورّاق، ديوان محمود الورّاق، ت: وليد قصّاب، مؤسسة الفنون، عجمان الإمارات العربية المتحدة ١٩٩١م.

٨٧- محمود فوزي، التربية وإعداد المعلم العربي، دار التعليم الجامعي، الإسكندرية ٢٠١٢م

٨٨- مدحت محمد أبو النصر، مشكلة العنف ضدّ الأطفال في مصر، مجلّة بحوث الخدمة الاجتماعية التنموية، جامعة بني سويف، مصر، المجلّد (الثاني)، العدد (الأول) مارس ٢٠٢٢م.

٨٩- مصطفى أبو سعد، تعديل سلوك الطفل في تسعة أسابيع، المطبعة الألمانية في الكويت ٢٠٢١م.

٩٠- مصطفى البكري الشيخ الهادي، الخلاوي في السودان ماضٍ عريق وعطاء مستمرّ، خلاوي الشيخ الصابونابي نموذجًا(د.ت)

٩١- معجم الدوحة التاريخي للغة العربية، المنصة الإلكترونية للمعجم.

٩٢- مولاي شريفة، المحاظر وأثرها في المجتمع الموريتانيّ، رسالة ماجستير، جامعة أحمد رداية، الجزائر ٢٠٢٠م

٩٣- نعيم أسعد الصفدي، وعبد اللطيف مصطفى الأسطل، الفروق الفردية في ضوء التربية النبويّة، مجلة جامعة الأزهر بغزة، سلسلة العلوم الإنسانيّة ٢٠١٠م

٩٤- نوره محمد البليهد، أدوار معلم التعليم العام في المملكة العربية السعوديّة، مجلة كلية التربية جامعة الأزهر العدد ١٦٢، يناير ٢٠١٥م.

٩٥- وجيه الفرح وميشيل دبابنة، أساسيات التنمية المهنية للمعلّمين، الورّاق للنشر والتوزيع، عمّان الأردن ٢٠٠٦م.

٩٦- وزارة الأوقاف والشؤون الإسلامية في الكويت، الموسوعة الفقهيّة الكويتيّة، الكويت ١٤٢٧هـ.

٩٧- وزارة التربية والتعليم العالي بالسلطة الفلسطينيّة، دليل البيئة المدرسية ٢٠١٤ م.

ثانيا: المقابلات:

١- إبراهيم محمد حسن، خبير بأساليب التعليم في الخلوة التقليدية الصوماليّة، صنعاء اليمن.

٢- أحمد حاج قاسم، مقرئ بالقراءات العشر، الدوحة قطر .

٣- آدم عبد الله حاج أحمد (الشاطبيّ) لاسعانود، الصّومال.

٤- آدم محمد(باريو) مدرّب معلمي القرآن الكريم في كينيا والصّومال، نيروبي، كينيا.

٥- آدم شيخ حسن، مدرّس قرآن في الصومال سابقًا، الدوحة قطر.

٦- هبة حسن حاج أحمد ، إدارية في روضة المشكاة للأطفال ، مقديشو، الصومال.

٧- أسماعيل حسين طقني، مدير مركز التيسير للقرآن الكريم، قاريسا، كينيا.

٨- آمنة محمد علي، مديرة روضة مركز مروة لتنمية المرأة، هرجيسا، الصومال.

٩- إيمان يوسف، المشرف العام لمدارس دار البرّ في ولاية بونت لاند، الصومال.

١٠- حسن معلم مختار، مدير معهد أم القرآن للدراسات القرآنية، مقديشو، الصومال.

١١- حسين إسماعيل محمّد، المدير التعليمي لمركز أبي بكر الصدّيق، سياتل واشنطن، الولايات المتحدة الأمريكية.

١٢- شعيب هارون، المشرف العام لرياض لقمان الحكيم مقديشو، الصومال.

١٣- موليد أحمد متان، الوكيل العام لمدارس دار القرآن الكريم في ولاية بونت لاند، الصومال.

١٤- عبد الباري عبد الرحمن العلمي، الأمين العام لمؤسّسة الماهر للقرآن الكريم، مقديشو، الصومال.

١٥- عبده أحمد الشيخ آدم، مشرف المدارس القرآنية التابعة لمؤسسة الهدى للقرآن الكريم، لفي، كينيا.

١٦- عبد الرحمن آدم سعيد (الأعرج)، رئيس جمعية القرآن الكريم في الصومال، الكويت.

١٧- عبد الرحمن صلاد، مدرّس قرآن سابق في الصومال، الدوحة قطر

١٨- عبد الرحمن محمد طاهر، مدير مدرسة عثمان بن عفان، بلدة حواء، الصومال.

١٩- عبد الرحمن طاهر محمد، مظلّة مدارس القرآن الكريم، جمهورية جيبوتي .

٢٠- عبد الرحمن علي آدم، مركز أبي بكر الصدّيق، سياتل واشنطن، الولايات المتحدة الأمريكية.

٢١- عبد الرشيد آدم إسحاق، الأمين العام لجمعية القرآن في الصُّومال، مقديشو، الصومال.

٢٢- عبد الرشيد عوالي، مدرّس قرآن، جمهورية جيبوتي

٢٣- عبد السلام معلم آدم ، سفير جمهورية الصومال في اليمن سابقا، صنعاء اليمن.

٢٤- عبد الله آدم(الطيب)، نائب المدير العام لرياض لقمان الحكيم ، مقديشو، الصومال

٢٥- عبد الله يوسف محمد (نبدون) مدير مركز المبارك للتعليم النموذجي، نيروبي، كينيا.

٢٦- لقمان عبد الرحمن العلمي، مدير مركز التيسير للقرآن الكريم ، نيروبي كينيا.

٢٧- مبارك جامع عبد الله، مدير مركز دار الحفظ، هرجيسا، الصومال

٢٨- محمد إبراهيم عبد الرحمن، مدير مدرسة تاج لتعليم القرآن الكريم والتربية الإسلامية، بيدوا، الصومال.

٢٩- محمد إسماعيل عبد الرحمن، المركز الإسلامي، هولندا.

٣٠- محمد دعر مهد، مدير مدرسة نور الإسلام لتعليم القرآن الكريم والتربية الإسلامية، لوق، الصومال.

٣١- محمد طاهر علي (علوي)، المدير العام لرياض لقمان الحكيم، مقديشو، الصومال.

٣٢- محمّد عول نور (حَبيب)، مدير مركز دار البيان، عيرجابو، الصومال.

٣٣- محمد معلم أحمد، المشرف العام لمدارس دار القرآن الكريم في ولاية بونت لاند، الصومال.

٣٤- مختار وابري، مظلّة المدارس القرآنيّة في جمهورية جيبوتي.

www.ingramcontent.com/pod-product-compliance
Lightning Source LLC
Chambersburg PA
CBHW030550080526
44585CB00012B/323
9781803529424